Marcus Damm

Schemapädagogik im Klassenzimmer
– Das Praxisbuch –

Arbeitsmaterialien und Methoden für Lehrer und Schüler

SCHEMAPÄDAGOGIK KOMPAKT

herausgegeben von Dr. Marcus Damm

ISSN 2191-186X

1 *Marcus Damm*
   Praxis der Schemapädagogik
   Schemaorientierte Psychotherapien und ihre Potenziale für die psychosoziale Arbeit
   ISBN 978-3-8382-0040-8

2 *Marcus Damm*
   Schemapädagogik im Klassenzimmer
   Ein neues Konzept zur Förderung verhaltensauffälliger Schüler
   ISBN 978-3-8382-0140-5

3 *Marcus Damm*
   Schemapädagogik im Klassenzimmer – Das Praxisbuch –
   Arbeitsmaterialien und Methoden für Lehrer und Schüler
   ISBN 978-3-8382-0220-4

In Vorbereitung:

4 *Marcus Damm und Stefan Werner*
   Schemapädagogik bei jugendlichen Gewalttätern
   Diagnose von Schemata, Konfrontation und Verhaltensänderung
   ISBN 978-3-8382-0190-0

5 *Marcus Damm und Marc-Guido Ebert*
   Schemapädagogik und Lehrerpersönlichkeit
   Konstruktive Beziehungsgestaltung im Unterricht
   ISBN 978-3-8382-0200-6

Marcus Damm

SCHEMAPÄDAGOGIK IM KLASSENZIMMER
– DAS PRAXISBUCH –

Arbeitsmaterialien und Methoden für Lehrer und Schüler

ibidem-Verlag
Stuttgart

Bibliografische Information der Deutschen Nationalbibliothek
Die Deutsche Nationalbibliothek verzeichnet diese Publikation in der Deutschen Nationalbibliografie; detaillierte bibliografische Daten sind im Internet über http://dnb.d-nb.de abrufbar.

Bibliographic information published by the Deutsche Nationalbibliothek
Die Deutsche Nationalbibliothek lists this publication in the Deutsche Nationalbibliografie; detailed bibliographic data are available in the Internet at http://dnb.d-nb.de.

∞

Gedruckt auf alterungsbeständigem, säurefreien Papier
Printed on acid-free paper

ISSN: 2191-186X

ISBN-13: 978-3-8382-0220-4

© *ibidem*-Verlag
Stuttgart 2010

Alle Rechte vorbehalten

Das Werk einschließlich aller seiner Teile ist urheberrechtlich geschützt. Jede Verwertung außerhalb der engen Grenzen des Urheberrechtsgesetzes ist ohne Zustimmung des Verlages unzulässig und strafbar. Dies gilt insbesondere für Vervielfältigungen, Übersetzungen, Mikroverfilmungen und elektronische Speicherformen sowie die Einspeicherung und Verarbeitung in elektronischen Systemen.

All rights reserved. No part of this publication may be reproduced, stored in or introduced into a retrieval system, or transmitted, in any form, or by any means (electronical, mechanical, photocopying, recording or otherwise) without the prior written permission of the publisher. Any person who does any unauthorized act in relation to this publication may be liable to criminal prosecution and civil claims for damages.

Printed in Germany

Inhalt

Vorwort 7
Einstieg ins Thema 9

Was ist Schemapädagogik? 10
Was ist ein Schema? 13
Was ist ein Schemamodus? 16

Wie Schemata und Schemamodi entstehen – Theorie des „Sozialen Gehirns" 20

Schemafragebogen für Pädagogen 27

Domäne 1: Abgetrenntheit und Ablehnung 35
Domäne 2: Beeinträchtigung von Autonomie und Leistung 44
Domäne 3: Beeinträchtigung im Umgang mit Begrenzungen 52
Domäne 4: Übertriebene Außenwirkung/Fremdbezogenheit 57
Domäne 5: Übertriebene Wachsamkeit und Gehemmtheit 64

Ablauf einer schemapädagogischen Intervention 75

Ziele 76

Schemapädagogische Kompetenzen 77
Beobachtung – eigene Schemata und Schemamodi berücksichtigen 77
Beziehungen komplementär gestalten können 79
Schemata und Bewältigungsversuche diagnostizieren, Schemamodi gemeinsam 81
        mit dem Schüler bearbeiten 81
Unterstützung beim Transfer der erarbeiteten Lösungen in den Alltag 83

Schemapädagogik in der Praxis 89
Gewaltbereitschaft und Gewalt 89

Weiterführende Literatur 101
Kontakte 104
Literatur 105

Vorwort

Dieser Band wurde als „Vertiefungsband" konzipiert, das heißt, als Ergänzung zu dem Buch *Schemapädagogik im Klassenzimmer* (DAMM 2010b). Er beinhaltet unter anderem zahlreiche Arbeitsblätter und Methoden für Lehrkräfte, die Beziehungs- und Interaktionsstörungen tiefgründiger verstehen wollen und sich für Schemapädagogik interessieren. Zwar wird die Lektüre der oben genannten Veröffentlichung empfohlen, sie ist aber nicht zwingend erforderlich, um die hier thematisierten Inhalte gewinnbringend zu verwerten.

Schemapädagogik ist ein neuer Ansatz, der an der Schnittstelle zwischen Psychotherapie und Pädagogik verortet ist. Das Konzept basiert auf den sogenannten schemaorientierten Psychotherapien (Kognitive Therapie, Schematherapie und Klärungsorientierte Psychotherapie). Deren Erkenntnisse, Prinzipien und Interventionen werden modifiziert in den Schulalltag übertragen und sollen den Lehrer dabei unterstützen, kompetent mit Unterrichtsstörungen beziehungsweise Verhaltensauffälligkeiten von Schülern umzugehen.

Erstmals werden im vorliegenden Rahmen auch Schemafragebögen veröffentlicht, die speziell auf Lehrkräfte zugeschnitten sind.

Ich hoffe, dass Sie dieser Band bei Ihrer Arbeit im Schulalltag bei der Prävention und bei der Bearbeitung von Konflikten effizient unterstützt.

Worms, im Herbst 2010
Dr. Marcus Damm

Kontakt
Institut für Schemapädagogik
Dr. Marcus Damm
Höhenstr. 56
67550 Worms
E-Mail: info@marcus-damm.de
Internet: www.schemapädagogik.de

Einstieg ins Thema

Die Anforderungen an Lehrer[1], Dozenten, Fachkräfte beziehungsweise Pädagogen[2] von heute wachsen an – quer über alle Schulformen hinweg. Dies ist zum einen eine „gefühlte Binsenweisheit", die in vielen Lehrerzimmern und Fortbildungen immer mal wieder thematisiert wird; besonders ausgehend von denjenigen Pädagogen, die schon Jahre und Jahrzehnte im „Geschäft" sind.

Wir Pädagogen sind mehr denn je gefordert; besonders soziale, kommunikative und Stressmanagement-spezifische Kompetenzen sind gefragt. Wir müssen uns ja mit den „Schülern von heute" auseinandersetzen, mit ihnen Schritt halten. Denn ansonsten können wir sie nicht – Sie wissen schon – dort abholen, wo sie „stehen".

„Schwierige" Schüler gab es schon immer. Doch Statistiken belegen einen steten Anstieg von verhaltensauffälligen Kindern und Jugendlichen in den letzten Jahren (BAUER 2007). Pädagogisch-psychologische Kompetenzen können entsprechend Abhilfe schaffen.

Schemapädagogik ist ein innovativer neuer Ansatz, der dabei helfen soll, Unterrichts- und Beziehungsstörungen zwischen Schülern und Schülern und Schülern und Lehrern tiefgründiger zu verstehen und zu verbessern.

---

[1] Im Folgenden wird der Einfachheit halber meistens die männliche Sprachform verwendet. Auf Ausnahmen wird entsprechend hingewiesen. Dies dient der Erhaltung des Leseflusses und ist natürlich nicht diskriminierend gemeint.
[2] Die genannten Begriffe werden im Folgenden synonym gebraucht.

Was ist Schemapädagogik?

> Schemapädagogik ist ein neuer Trend in Erziehung, Sozialer Arbeit und Sozialpädagogik. Schemapädagogik versteht sich als ein sich stets weiter entwickelnder Ansatz, der die sozialpädagogische Praxis massiv befruchten kann. Er möchte im Praxisfeld Schule dazu beitragen, Unterrichts- und Beziehungsstörungen zwischen Schülern und Schülern und Schülern und Lehrern tiefgründiger zu verstehen und zu verbessern.
>
> Schemapädagogik basiert auf den sogenannten schemaorientierten Psychotherapien: Kognitive Therapie, Schematherapie und Klärungsorientierte Psychotherapie. Es wird davon ausgegangen, dass zwischenmenschliche Probleme durch nachteilige innerpsychische Muster (Schemata) verursacht werden, die kognitiv und affektiv verankert sind und einen biografischen Hintergrund haben.
>
> Schemapädagogen wollen mithilfe einer speziellen (komplementären) Beziehungsgestaltung sowie der Thematisierung von nachteiligen Persönlichkeitsfacetten (Schemamodi) und der Unterstützung beim Transfer der Lösungen in den Alltag solche dysfunktionalen Muster dauerhaft verändern. Wesentliches Ziel ist die Minimierung der Störungen im Unterricht.

Grundlagen

Im Rahmen des Praxisfelds Schule fokussiert Schemapädagogik in erster Linie nachteilige Wirklichkeitskonstruktionen (Schemata) von Schülerinnen und Schülern. Der Ansatz soll auch dabei helfen, einen Zugang selbst zu „schwierigen" Heranwachsenden „freizuschaufeln". Die theoretischen und praktischen Bausteine der oben skizzierten schemaorientierten Psychotherapien sind feste Bestandteile der Schemapädagogik. Im Folgenden soll nun genau geklärt werden, welche Elemente konkret in die Schemapädagogik einfließen. Zunächst einige Worte zu den Potenzialen der Schematherapie.

Transfer von Elementen der Schematherapie

Um die Inhalte der 18 Schemata, die YOUNG et al. (2008) ausführlich beschrieben haben und die unten ebenfalls detailliert ausgeführt werden, wissen Schemapädagogen im Alltag. Lehrer sind mithilfe dieses Wissens imstande, bestimmte Verhaltensauffälligkeiten, die immer wieder durch „typische Schlüsselreize" im Unterricht ausgelöst werden, irgendwann auf ein maladaptives Muster zu beziehen. Alleine schon dieser Reflexionsprozess, der lediglich ein bestimmtes Maß an Aufmerksamkeit im Unterricht erfordert, trägt viel dazu bei, die „nervigen" Verhaltensauffälligkeiten einzelner Schüler feinsinniger zu verstehen.

Auf der anderen Seite ist auch die Kenntnis des Schemamodus-Modells wichtig. Das Modell ist „erlebnisnäher" als das eher theoretisch-orientierte Schemakonzept und wird leicht auch von Teenagern verstanden. Und dieser Punkt ist ganz, ganz wichtig. Schemapädagogen arbeiten mit den Schülern eng am Schemamodus-Modell. Auf diese Weise lernen die Heranwachsenden ihre innere „Zwiespältigkeit" kennen, genauer gesagt, diejenigen Persönlichkeitsfacetten (Schemamodi), die inner- und außerhalb des Unterrichts die charakteristischen Konflikte verursachen. (Auf diese Weise werden gleichzeitig alle die in der Einleitung thematisierten Wahrnehmungsstörungen reduziert.) Schemata selbst werden nicht mit dem Schüler reflektiert, da es ansonsten leicht zu einer impulsiven Auslösung eines nachteiligen Musters kommen kann, die auf allen psychischen Ebenen kognitiv und affektiv wirkt. Und so eine Konfrontation geht zulasten der Beziehung.

Letztlich werden auch folgende Arbeitsweisen der Schematherapie in das Programm Schemapädagogik übernommen:

> - Das sogenannte **Schemamodus-Memo** (siehe beiliegende CD),
> - **Hausaufgaben** (der Schüler soll besprochene Verhaltensänderungen auch außerhalb des Unterrichts umsetzen, siehe beiliegende CD),
> - **Schemamodus-Tagebuch** (sehr „schwierige" Schüler können dazu motiviert werden, ein Tagebuch zu schreiben; die Betreffenden halten darin zukünftige Schemamodi-Aktivierungen fest, und vor allem soll darüber reflektiert werden, wie man mit ihnen umgegangen ist; siehe auch beiliegende CD).

Transfer von Elementen der Klärungsorientierten Psychotherapie

Im Unterricht sind auch einige Grundlagen und Arbeitsbegriffe der Klärungsorientierten Psychotherapie von großem Nutzen. Schemapädagogen befolgen entsprechend die Kriterien des sogenannten **komplementären Beziehungsaufbaus**.

Betreffende Lehrer wissen um die Psychodynamik der sogenannten **Images**, **Tests**, **Appelle** und **Psychospiele** (siehe beiliegende CD). Diese Phänomene werden durch Achtsamkeit erkannt und im Umgang mit den Betreffenden berücksichtigt. – Schemapädagogen sind sich darüber bewusst, dass Schüler im Unterricht dann und wann bestimmte Strategien verfolgen, um verschiedene Grundbedürfnisse zu befriedigen, etwa: Anerkennung/Akzeptierung, Wichtigkeit, Verlässlichkeit, Solidarität, Autonomie, Grenzen/Territorialität.

Die Verwirklichung dieser Anliegen wird dadurch „verkompliziert", da die „Wege zum Ziel" sehr kostenintensiv sind und bekanntermaßen „nerven" können. Der Lehrer widersteht seinen ersten Verhaltensimpulsen (Ermahnen, Bestrafen oder Ähnliches), sollte ein Schüler entsprechend „aktiv" werden. Er offenbart demgegenüber Flexibilität: mal bleibt er auf der Sachebene, mal deckt er die Interaktionsspiele auf usw.; in manchen Fällen schreitet er auch mal konfrontativ ein, je nach Sachlage.

Transfer von Elementen der Kognitiven Therapie

Es schadet nicht, die Grundthese der Kognitiven Therapie zu kennen; sie lautet sinngemäß: *Die Art und Weise, wie Menschen sich selbst und ihre Umwelt wahrnehmen und bewerten, bestimmt maßgeblich, was sie fühlen.* Ebenfalls sollte man Folgendes im Hinterkopf behalten: Die Inhalte von übertrieben negativen Selbst- und Beziehungsschemata sind verursacht durch bestimmte soziale Erfahrungen, die im Nachhinein fehlerhaft bewertet wurden. Hieraus folgt: Viele Urteile, die Schüler über sich selbst und die Anderen fällen, sagen in der Regel sehr viel über deren eigene Kindheit und Jugend aus, genauer gesagt, über die Erwartungshaltungen, die damals ausgeprägt wurden. Schemapädagogen nehmen daher vor allem die oben beschriebenen Wahrnehmungsverzerrungen wahr (Schwarz-Weiß-Denken, Generalisierung, Personalisieren, Gedankenlesen, Katastrophieren und Etikettieren). Falls solche Phänomene auftauchen, interveniert der Schemapädagoge, indem er die „Meinung" des Heranwachsenden mit rationalen Argumenten widerlegt – wenn es der enge Zeitrahmen erlaubt.

(Die Zusammenfassungen der schemaorientierten Psychotherapien finden Sie auf beiliegender CD.)

Was ist ein Schema?

Bei einem Schema handelt es sich nach der Definition von YOUNG et al. (2008, 36) konkret „um

- ein weitgestecktes, umfassendes Thema oder Muster,
- das aus Erinnerungen, Emotionen, Kognitionen und Körperempfindungen besteht,
- die sich auf den Betreffenden selbst und seine Kontakte zu anderen Menschen beziehen,
- ein Muster, das in der Kindheit oder Adoleszenz entstanden ist,
- im Laufe des weiteren Lebens stärker ausgeprägt wurde und
- stark dysfunktional ist".

Wie man sieht, und darauf wird hier explizit hingewiesen, haben diese Muster mehrere Ebenen, beinhalten Erinnerungen, Emotionen, Kognitionen und Körperempfindungen – und haben außerdem einen starken Bezug zu einem frühkindlichen oder adoleszenten Thema.

YOUNG unterscheidet stark und weniger stark ausgeprägte Schemata. Im Rahmen der Schematherapie heißen sie *bedingt gültige* und *bedingungslos gültige* Schemata.

Bedingungslos gültige Schemata

Letztere Muster üben einen sehr großen Einfluss auf den Betroffenen aus. Sie steuern im Falle einer Aktivierung die psychischen und physischen Vorgänge und schränken somit die Willensfreiheit im hohen Maß ein. Der Grund: Bedingungslos gültige Schemata, etwa (a) *Verlassenheit/Instabilität* oder (b) *Misstrauen/Missbrauch*, sind sehr früh entstanden und nehmen nunmehr wegen ihrem hirnphysiologischen Niederschlag einen zentralen Status im Leben des Betreffenden ein (wie sie sich konkret auswirken, sehen wir im nächsten Kapitel).

Das heißt, im ersten Fall (a) sind Betreffende während der Schema-Aktivierung wirklich davon überzeugt, dass etwa ihr Partner sie trotz zahlloser Liebesbekenntnisse verlassen wird, im zweiten (b) wird die Meinung vertreten: „Jeder will mir schaden!"

Erschwerend kommt hinzu: Klienten sind sich während der Aktivierung nicht über die innerpsychischen Vorgänge im Klaren. Sie haben aus Sicht des Umfelds „ihre fünf Minuten" (so erklären sich die Mitmenschen des Betreffenden manchmal Schema-Aktivierungen von Betreffenden). Gutes Zureden nützt rein gar nichts, selbst scheinbar überzeugende Argumente werden schemaspezifisch aufgefasst.

Es bleibt erfahrungsgemäß nicht nur bei den erwähnten „fünf Minuten". – Das Schema prägt unter Umständen die ganze Lebensphilosophie des Betreffenden, sein Verhältnis zu sich und anderen. Es kann zu folgendem Phänomen kommen: Die Mitmenschen werden dazu animiert, Verhaltensweisen zu zeigen, die den vorauseilenden schemaspezifischen Erwartungen entsprechen. Dieser Mechanismus wird in der Psychoanalyse auch *projektive Identifizierung* genannt.

Bedingt gültige Schemata

Die bedingt gültigen Muster andererseits lassen kognitiven Spielraum zu. Das heißt, der Klient kann sie infrage stellen und sogar mithilfe des Therapeuten ad absurdum führen.

Hierzu zählen zum Beispiel die Schemata (a) *Unterwerfung* und (b) *Emotionale Gehemmtheit*. Klienten können solche Muster verändern, indem sie etwa (a) lernen, ihre Unterwerfungstendenz vor dem Hintergrund ihrer Biografie zu verstehen und sie zukünftig im Alltag zu unterdrücken; auf der anderen Seite (b) kann die Wirkung des hinderlichen Musters *Emotionale Gehemmtheit* durch Rollenspiele und Training der Sozialkompetenzen im Rahmen der Therapie reduziert werden.

Schemata sind, wie oben schon erwähnt, in die neuronalen Netzwerke des Gehirns höchstwahrscheinlich „eingebrannt". Sie haben daher die Tendenz, sich selbst zu erhalten, was außerdem mit den natürlichen Gesetzen des Hirnstoffwechsels zusammenhängen könnte.

Da das Gehirn im Erwachsenenalter circa 20 Prozent des gesamten Sauerstoffbedarfs beansprucht, ist davon auszugehen, dass es aufgrund von ökonomischen Gesetzmäßigkeiten überwiegend die vorhanden Ressourcen, das heißt die neuronalen Bahnungen nutzt, die bisher erbaut wurden.

Und zu solchen Bahnungen gehören auch die in neuronalen Netzwerken eingebrannten notdürftigen Anpassungen an die frühkindliche Umwelt, sprich die maladaptiven[3] Schemata (siehe ROTH 2003).

Die hier beschriebene Tendenz zur Schemaerhaltung führt dazu, dass Klienten stets wieder dieselben Erfahrungen machen, auch wenn es sich dabei um nachteilige handelt. Dadurch bleibt das leidige Lebensthema/Schema immer aktuell.

Auf der anderen Seite macht dieser Mechanismus die in der Therapie angestrebte Schemaheilung so schwierig. Man gibt ungern das auf, was man seit der Kindheit kennt, auch wenn es nicht „gut" ist.

---

[3] Im Rahmen der Schematherapie werden die Auswirkungen, die neuronalen Niederschläge der negativen Beziehungserfahrungen als „frühe maladaptive Schemata" bezeichnet.

Die Klienten stehen sich aufgrund ihres Widerstandes sozusagen selbst im Weg, was sie aber gar nicht selbst merken. Sie meinen, sie würden in den sich stets wiederholenden Konfliktsituationen spontan, gerechtfertigt und gemäß ihres freien Willens handeln. Doch die Wahrheit ist eine andere: Betreffende denken, fühlen und handeln letztlich genauso und nicht anders, weil ein bestimmtes Schema unangebrachtes Denken, Fühlen und Handeln provoziert.

Trotz der meistens zerstörerischen Wirkung gehören maladaptive Schemata zum Identitätsgefühl des Betreffenden.

In langjährigen klinischen Beobachtungen von Patienten stellten YOUNG et al. (2008) schließlich 18 Schemata fest; sie wurden ausführlich empirisch untersucht.

ROEDIGER (2009b, 32) hat daher die Definition von YOUNG et al. (2008) etwas modifiziert und folgende Übersicht (inklusive der Auflistung der Schemata) vorgeschlagen:

Nr.	Schema	Domäne	Grundbedürfnis
1.	Emotionale Vernachlässigung	Ablehnung und Abtrennung	Bindung
2.	Verlassenheit/Instabilität		
3.	Misstrauen/Missbrauch		
4.	Soziale Isolation		
5.	Unzulänglichkeit		
6.	Erfolglosigkeit/Versagen	Beeinträchtigung von Autonomie und Leistung	Kontrolle nach außen
7.	Abhängigkeit/Inkompetenz		
8.	Verletzbarkeit		
9.	Verstrickung/ unentwickeltes Selbst		
10.	Anspruchshaltung/Grandiosität	Beeinträchtigung im Umgang mit Begrenzungen	Kontrolle nach innen
11.	Unzureichende Selbstkontrolle/Selbstdisziplin		
12.	Unterwerfung/ Unterordnung	Fremdbezogenheit	Selbstwerterhöhung
13.	Aufopferung		
14.	Streben nach Zustimmung und Anerkennung		
15.	Emotionale Gehemmtheit	Übertriebene Wachsamkeit und Gehemmtheit	Lust-/Unlust-Vermeidung
16.	Überhöhte Standards		
17.	Negatives hervorheben		
18.	Bestrafungsneigung		

Was ist ein Schemamodus?

Ein Schemamodus steht in Zusammenhang mit einem oder mehreren Schemata. So konstatiert ROEDIGER (2009, 43): „Die Schemata stehen im Hintergrund und treten als Modi in Erscheinung, wenn sie aktiviert werden."

Ein Schemamodus ist demnach ein gerade aktivierter Status der Persönlichkeit. Er offenbart sich als spezifischer Ich-Zustand, der verschiedene Schemata gleichzeitig repräsentieren kann (siehe unten). Im Grunde genommen weist der Ansatz Parallelen zum Persönlichkeitsmodell der Transaktionsanalyse auf (Kind-Ich, Erwachsenen-Ich, Eltern-Ich).

Ein Schemamodus beschreibt den aktuell erfahrbaren Erlebniszustand des Zu-Erziehenden, anders gesagt, seine gerade aktivierte Teil-Persönlichkeit, Rolle.

Ein Schemamodus steht häufig in Zusammenhang mit einem zugrundeliegenden Schema. Konkret gesagt: Ein oder mehrere Schemata treten durch einen spezifischen Modus konkret in *Erscheinung*. Ist ein Schüler in seiner Rolle, so ist er gedanklich und emotional „voll drin" und hat seine „fünf Minuten".

Beispiel: Das Schema *Anspruchshaltung/Grandiosität* kann sich einmal in einem wütenden, ein anderes Mal in einem verletzbaren Kindmodus offenbaren.

Das Thematisieren eines bestimmten Schemamodus stellt in der Therapie eine Erweiterung der Perspektive dar, erschafft einen neuen Blickwinkel. Modi sind nämlich gut fassbar, weil leicht zu beschreiben.

Das Modusmodell ist entsprechend „erlebnisnäher" als das Schemamodell und eignet sich daher eher zur Arbeit mit verhaltensauffälligen Jugendlichen, die im Allgemeinen (noch) nicht die nötigen kognitiven Fähigkeiten, etwa Introspektionsfähigkeit, mitbringen, um das Schemamodell zu verstehen (ROEDIGER 2009a).

Wie erwähnt, wird zwischen drei Grundkomponenten unterschieden:

1. *Kind-Modi.* Sie stellen das emotionale, spontane Erleben dar, das vor allem in den ersten Lebensjahren offenbart wurde.
2. *Innere Eltern-Modi.* Diese Persönlichkeitsfacetten beinhalten verinnerlichte elterliche Bewertungen, Normen und Regeln.
3. *(Maladaptive) Bewältigungsmodi.* Sie regulieren die Spannungen zwischen Kind- und Innere Eltern-Modi – aber sie führen gewöhnlich zu hohen Kosten.

Genannt werden muss noch der Modus des *Gesunden Erwachsenen*. Er steht stellvertretend für das rationale, selbstreflexive Bewusstsein und übernimmt im besten Fall die Organisation der anderen Modi.

In folgender Tabelle sind die wichtigsten Modi sowie ihre Auswirkungen zusammengefasst (ROEDIGER 2009a 67):

Das Modusmodell umfasst…		Bei entsprechender Aktivierung ist die Person…
Kind-Modi	a) *Verletzbares Kind*	… verwundbar, sensibel, emotional
	b) *Ärgerliches (bzw. Wütendes) Kind*	… aufgebracht, unreflektiert, sauer
	c) *Impulsiv-undiszipliniertes Kind*	… bockig, widerspenstig, aufmüpfig
	d) *Glückliches Kind*	… begeistert, kontemplativ, unbekümmert, glänzend aufgelegt
Maladaptive Modi	*Unterordnender Modus (Angepasster Unterwerfer)*	… passiv, aufmerksam, vorsichtig, vorauseilend „dienlich"
	Gefühlsvermeidende Modi a) *Distanzierter Beschützer*	… rational, unnahbar, ausweichend
	b) *Distanzierter Selbstberuhiger*	… emsig, aktiv (neigt auch zu Suchtmittelmissbrauch
	c) *Aggressiver Beschützer*	… vorauseilend „stachelig", feindselig

	Überkompensierende Modi (Übertreiber)	
	a) *Selbsterhöher*	... denunzierend, narzisstisch, selbstverherrlichend
	b) *Schikanierer- und Angreifer-Modus*	... sadistisch, teuflisch, gewaltbereit
	c) *Manipulierer, Trickser, Lügner*	... motiviert, durch Tricks verdeckt ein bestimmtes Ziel zu verfolgen
	d) *Zerstörer-/Killer-Modus*	... gewalttätig, brutal, mitleids- und gewissenlos
	e) *Zwanghafter Kontrolleur*	... überkontrollierend, spaßbefreit
Maladaptive internalisierte Eltern-Modi	Innere Antreiber (nach außen und innen wirkend)	... sehr anspruchsvoll sich selbst und anderen gegenüber
	Innere Bestrafer (nach innen und außen wirkend)	... geneigt, sich selbst und anderen physischen/psychischen Schaden zuzufügen
Modus des Gesunden Erwachsenen	Gesunder Erwachsener	... selbstreflektiert, rational, reaktionsflexibel, neugierig, offen, aufnahmefähig

Im Rahmen der Schematherapie werden immer auch kostenintensive Schemamodi bearbeitet (YOUNG et al. 2008, 340ff.), meistens maladaptive (siehe Tabelle).

Dies kann auch im Schulalltag im Umgang mit „schwierigen" Schülern hilfreich sein. Hierzu werden negative Schemamodi zunächst gemeinsam mit dem Schüler bewusst gemacht. Man beginnt üblicherweise mit einem Modus, der dem Lehrer extrem auffällt.

Der Schüler gibt letztlich dem jeweiligen Modus diejenige Bezeichnung, mit der er etwas anfangen kann; diese Bezeichnung kann zum Beispiel mit dem Vornamen des Klienten verknüpft werden und muss nicht zwingend mit den oben ausgeführten Modusbezeichnungen übereinstimmen.

Das heißt, vielleicht beschreibt der Teenager mit der Titulierung „der sehr leicht frustrierte Mathias" eventuell den Modus *Impulsiv-undiszipliniertes Kind*; „der böse Mathias" andererseits ist möglicherweise ein Etikett für den *Zerstörer-/Killermodus* oder Ähnliches.

Danach werden aktuelle Probleme, Konflikte und sonstige Unstimmigkeiten mit dem Modus in Verbindung gebracht.

Der Schüler erkennt zum Beispiel den kurzfristigen Nutzen, den ein häufig aktivierter Modus wie der des *Inneren Antreibers* nach sich zieht (Höchstleistungen in der Schule), aber auch den langfristigen (Konflikte in der Peergroup).

Der Schüler muss danach in die Lage versetzt werden, dass er die tendenzielle Dysfunktionalität des entsprechenden Modus erkennt. „Hinter" einem maladaptiven Muster steht ja meistens der Modus des *Verletzten Kindes*. Mittels Imaginationsübungen wird Kontakt zu letzterem Modus hergestellt.

Am Ende der Arbeit mit den maladaptiven Schemamodi kann der Heranwachsende besser auf seine primären Bedürfnisse eingehen, die in den Kind-Modi verortet sind. Der Modus des *Gesunden Erwachsenen* wurde entsprechend gestärkt.

Es ist noch sehr wichtig zu erwähnen, dass aktivierte maladaptive Modi ebenfalls bestimmte Erinnerungen, Emotionen, Kognitionen und Körperempfindungen von jetzt auf gleich auslösen.

In solchen Momenten ist den Betroffenen dieser Modus mitsamt den zahlreichen Auswirkungen auf mehreren Ebenen nicht bewusst; sie wissen nicht einmal, dass dieser Modus existiert.

Wie Schemata und Schemamodi entstehen – Theorie des „Sozialen Gehirns"

Das Gehirn ist „sozial"

Fokussiert man das Wachstum des menschlichen Gehirns, so fällt schnell auf: Die verschiedenen Hirnzentren entwickeln sich in einer ganz bestimmten Reihenfolge.

Die Basis des Gehirns besteht aus archaischen Strukturen, die wir mit anderen Wirbeltieren gemein haben. Während der Entwicklung des Embryos im Mutterleib werden bereits die subkortikalen (tiefer gelegenen) Hirnregionen ausgeprägt, etwa die vegetativen Zentren im Rückenmark und das Stammhirn, aber auch das limbische System, das insbesondere mit der Aktivierung von Emotionen in Zusammenhang gebracht wird.[4]

Erst später entstehen die Hirnareale, die für kognitive Prozesse zuständig sind. *Homo sapiens* ist demnach von Grund auf emotional strukturiert. Das limbische System scheint dabei eine große Rolle zu spielen. „Das limbische System ist der Entstehungsort unserer Persönlichkeit und damit des Psychischen", resümiert entsprechend GERHARD ROTH (2009, 160).

Was im Mutterleib passiert, grenzt schon an ein Wunder. Pro Minute entstehen 250.000 neue Hirn-Nervenzellen. Pro Sekunde werden 1,8 Millionen neue Verbindungen zwischen den Neuronen verknüpft.

Das Gehirn eines Erwachsenen besteht letztlich aus circa 100 Milliarden Neuronen (und jedes einzelne Neuron ist fähig, mit 10.000 anderen Neuronen mittels verschiedener Botenstoffe zu kommunizieren).

Schon während der Schwangerschaft kommt es zu entsprechenden emotionalen Konditionierungsprozessen. Das heißt, der Embryo „lernt gefühlsmäßig". Diese Gegebenheit kann bereits Auswirkungen haben. Laut GERHARD ROTH (2007, 22) stehen traumatische Ereignisse vor und nach der Geburt (Gewalteinwirkung, psychische Belastung der Mutter, Drogen- und Alkoholmissbrauch) in Zusammenhang mit späterem selbstschädigenden Verhaltensweisen.

Erst nach der Geburt prägt sich die Hirnrinde (Kortex) aus. Dessen ungeachtet reagieren Neugeborene in den ersten Lebensmonaten ausschließlich auf der emotional-limbischen Ebene.

---

[4] Bereits zwischen der fünften und sechsten Schwangerschaftswoche lassen sich der Hypothalamus und die Amygdala, das sogenannte Angstzentrum, nachweisen.

Das Gehirn des Neugeborenen wiegt zwischen 300 bis 400 Gramm und weist bereits die endgültige Zahl von Neuronen auf (ebenda, 60f.). Die Art der weiteren Entwicklung, sprich „Feinverdrahtung", findet erst nachgeburtlich statt und hängt vorwiegend von den sozialen Erfahrungen ab, die wir in den ersten Lebensmonaten machen. Daher der Begriff „soziales Gehirn".

In der frühen Kindheit entwickeln sich auch, unter optimalen Bedingungen, die oben schon erwähnten Spiegelneuronen. Vor allem durch positive Resonanz vonseiten des Umfelds wird das Wachstum angeregt. Bleibt diese überwiegend aus, so kann man schließen, fällt die neuronale Grundlage für Empathie, Perspektivenübernahme und Mitleid eher dürftig aus.

Wichtig in unseren Zusammenhang ist: Kommt es häufig zu gleichartigen Erlebnissen mit dem sozialen Umfeld, schlägt sich das Erleben auch im Gehirn nieder, weil mehr und mehr dieselben neuronalen Erregungsmuster ausgeprägt werden. Dies ist unter anderem die biologische Grundlage des Lernens.

Genauer gesagt, Neuronenschaltkreise, die oft aktiviert werden, entwickeln sich zu neuronalen Erwartungsmustern. Der Säugling passt sich seiner Umwelt an. ROEDIGER (2009a, 20) hat hierfür einen schönen Vergleich aufgestellt: „Bildlich gesprochen werden häufig genutzte Straßen zu Autobahnen ausgebaut, die dann immer mehr Verkehr auf sich ziehen."

Zwei Schaltkreise
Auch im Erwachsenenalter offenbart sich der dem Menschen eigentümliche dichotome Aufbau des Gehirns im Alltag. Die Prozesse in den niederen Hirnregionen, vorwiegend emotionale, laufen überwiegend unbewusst ab.

Die limbischen Zentren sind zuständig für die emotionale Bewertung der Wirklichkeit. Permanent unterliegen die eintreffenden Sinnesreize einer unterschwelligen Prüfung. Das emotionale Gehirn verfährt jederzeit nach dem Motto: „Ist das jetzt wichtig oder nicht?"

Daher kommt es, dass wir bei sehr vielen Umweltreizen, die etwa über den Seh-Sinn oder das Gehör ins Gehirn gelangen, positive beziehungsweise negative Emotionen empfinden. Hierbei spielen auch biografische Erfahrungen eine große Rolle (siehe unten).

Die subkortikalen Ebenen sind mit der bewusstseinsfähigen, vereinfacht gesagt, eher „rationalen" Hirnrinde eng verknüpft (letzteres Areal entwickelt sich, entwicklungsspezifisch betrachtet, „sehr spät").

Man kann sagen: Die beiden Systeme arbeiten jederzeit parallel (GOLEMAN 1995). Diese neurowissenschaftliche Erkenntnis der letzten Jahre überwindet die traditionelle Auffassung, wonach das Denken und Fühlen zwei unterschiedliche Faktoren sind, die man trennen kann.

Biologische Grundlagen von maladaptiven Schemata

Situationen im kindlichen Erleben, die mit starken Emotionen und Affekten einhergehen, werden aufgrund ihrer Intensität (vor allem) im limbischen System geradezu neuronal „eingebrannt".

Es sind zum Beispiel nur sehr wenige schmerzhafte Erfahrungen mit einem Objekt notwendig, um eine entsprechende Phobie auszuprägen. Diese kann sich noch im Erwachsenenalter offenbaren. Denn: Die Amygdala „vergisst nie". Wenn beispielsweise ein Kleinkind von einem Hund gebissen wird, wird im Gehirn folgende Reiz-Reaktions-Verbindung abgespeichert: (Reiz) Vierbeiniges Etwas führt zu Schmerz (Reaktion).

Noch Jahre später kommt es vielleicht beim Anblick eines Hundes zu einer automatischen Furchtreaktion auf mehreren Ebenen: (a) der Betroffene *fühlt* Angst; (b) zeigt *körperliche* Symptome und neigt eventuell zur (c) *Kognition*: „Dieser Hund wird mich bestimmt beißen!"

Fand das unliebsame Ereignis zudem vor dem 6. Lebensjahr statt, ist wahrscheinlich, dass dem Betreffenden der Zusammenhang zwischen seiner aktuellen Angst und etwaiger Ursachen gar nicht bewusst wird. Denn laut ROTH (2003, 67) beginnt rational-abstraktes Denken erst (circa) ab dem fünften bis sechsten Lebensjahr. Alles, was zuvor passiert ist, liegt verborgen im limbischen System. Diese Inhalte sind abstrakt nicht zugänglich.

Gerade die Hirnsysteme, die auf solche emotionalen Situationen und auch auf Traumatisierungen reagieren, sind laut YOUNG et al. (2008) aller Wahrscheinlichkeit nach auch die (emotionalen) Orte der meisten maladaptiven Schemata.

Diese Annahme liegt auf der Hand, denn: Die subkortikalen Ebenen umfassen – ähnlich wie in der Schemadefinition von YOUNG der Fall – (emotionale) Erinnerungen, Emotionen an sich und Körperempfindungen.

Wenn man bedenkt, dass die meisten Schemata in der frühen Kindheit entstehen, in einer Zeit, in der die Hirnrinde und das Sprachvermögen erst langsam ausgeprägt werden, so wird verständlich, wieso nachteilige Muster dem Betreffenden weitgehend unbewusst sind. – Kognitionen sind in der frühen Kindheit noch gar nicht existent.

Personen mit nachteiligen Schemata sind aufgrund der steten Relevanz des limbischen Systems im Alltag oft anfällig für Schema-Aktivierungen. Denn wenn sie in Situationen geraten beziehungsweise auf Mitmenschen treffen, die sie an emotionale, qualvolle Ereignisse weitestgehend erinnern, kommt es automatisch zu starken Reaktionen. Das limbische System aktiviert Stresshormone. Nachteilige Emotionen und körperliche Symptome überfluten dann den Betreffenden.

Zur Erklärung dieses Umstands ein Beispiel. Das Schema *Misstrauen/Missbrauch* entsteht laut YOUNG et al. (2008) vor allem durch häufiges Diskreditieren vonseiten der elterlichen Bezugspersonen.

Entsprechende Situationen schlagen sich nach diesem Modell irgendwann neuronal im kindlichen Gehirn, genauer gesagt, vor allem im limbischen System nieder. Abgespeichert werden dabei alle relevanten äußerlichen Reize: die Umgebung, die Handlungen des Gegenübers, seine Körpersprache, Mimik usw.

In zukünftigen Belastungssituationen, in denen Mitmenschen eine große Rolle spielen, zum Beispiel Lehrer, Sozialarbeiter, Sozialpädagogen usw., kommt es immer wieder zum „kindhaften" Erleben, weil die subkortikalen Hirnareale das Hier und Jetzt mit den vergangenen Reaktionen überfluten.

Dem Betreffenden ist dieser Zuordnungsvorgang (vergangene Erlebnisse werden auf die Gegenwart projizieren) nicht bewusst.

Die Amygdala, die Flucht-, Erstarrungs- und Kampfreaktionen auslösen kann, empfängt jederzeit die Signale aus der Umwelt und bewertet sie – ohne Anteilnahme des Kortex – emotional. Maßstäbe dieser Bewertungen sind, wie oben erwähnt, vergangene Erlebnisse mit einem hohen emotionalen Anteil.

Kommt es nun infolge von zahlreichen eingebrannten maladaptiven Schemata vermehrt zu negativen emotionalen Einschätzungen á la „Vorsicht, das da ist gefährlich", werden augenblicklich Stresshormone ausgeschüttet, und zwar Noradrenalin im Gehirn, Adrenalin (SIEGEL 2006, 154).

Das leidvolle Erleben definiert der Betreffende im Zuge der oben schon erwähnten externalen Kausalattribuierung automatisch als von außen verursacht. Aus seiner Sicht ist der Lehrer, Sozialarbeiter beziehungsweise Sozialpädagoge aggressiv, diskreditierend, diskriminierend usw.

Der Betreffende merkt nicht, dass er, lapidar gesagt, die Person gar nicht persönlich meint, sondern nur den von ihm unbewusst projizierten Aggressor von damals angreift. Seine Bewertungskriterien sind gewissermaßen infantil, aber dennoch für ihn das Maß aller Dinge. Er fühlt sich im Recht. In Bezug auf die Therapie von Schemata bedeutet das: Es reicht nicht aus, nur Einsicht in die neuronalen Prozesse zu vermitteln. Bei einer solchen Reflexion wird ja „nur" die Großhirnrinde beansprucht, die subkortikalen Bereiche bleiben dabei völlig außen vor. Aus diesem Grund wird in der Schematherapie das jeweilige maladaptive Schema aktiviert und dann auf mehreren Ebenen bearbeitet. Es geht auch darum, die kognitiv-kortikalen Potenziale zu stärken, sodass der Klient irgendwann im Alltag mit zukünftigen Schema-Aktivierungen professionell umgehen kann.

Lehrer und Schüler werden (irrtümlicherweise) als „Personen mit einem Ich-Bewusstsein" angesehen

Berücksichtigt man das bis hierhin Vorgetragene, so stößt man leicht auf die Frage: Wenn (a) unbewusste Prozesse und (b) die Auswirkungen von kindlichen Erlebnissen (Schemata) von den Schülern mit in den Unterricht „gebracht" werden (und das werden sie) – welche potenziellen Auswirkungen hat das in Hinsicht auf den Umgang mit den betreffenden Heranwachsenden?

Eine Antwort (an die man sich als psychologischer Laie sicher gewöhnen muss) lautet: Die innerpsychischen, teils widersprüchlichen Prozesse, die in Schülern und Lehrern gleichermaßen ablaufen, können im Unterricht aufgegriffen und als solche „ansatzweise therapiert" werden. Selbstverständlich müssen die entsprechenden Methoden didaktisch an die Klientel angepasst werden.

Hierfür muss man aber gleichzeitig die Vorstellung aufgeben, dass Schüler und Lehrer nur ein einziges „Ich-Bewusstsein" hätten. Vielmehr bestehen wir *Homo sapiens* aus verschiedenen Ich-Zuständen (siehe unten).

Diese Ansicht läuft zwar dem gesunden Menschenverstand zuwider, wird aber von verschiedenen Humanwissenschaften gestützt. Wenn Pädagogen die Schüler und sich selbst *vielschichtiger* begreifen, verstehen sie auch verschiedene Unterrichtsstörungen tief greifender.

Wenn ich im Rahmen von Fortbildungen diesen Punkt anspreche, lautet die erste Reaktion meistens so: „Wir haben im Schulalltag schon genug zu tun. Sollen wir jetzt auch noch einen auf Hobby-Psychologen machen?"

Darauf antworte ich dann in der Regel so: „Wenn Sie zu Beginn des Schuljahres etwas mehr Zeit in den Beziehungsaufbau mit den Schülern investieren und einige schemapädagogische Methoden anwenden, haben Sie den Rest des Schuljahres mehr Ruhe."

Gerade viele ältere Kollegen haben so ihre Bedenken. Doch man sollte sich nicht gleich abschrecken lassen von neuen Ansätzen. Immerhin haben die Humanwissenschaften in den letzten Jahren viel Licht ins Dunkel der „widersprüchlichen Psyche" des *Homo sapiens* gebracht – und von diesem Wissen kann man profitieren, gerade als Lehrer.

Tiefenpsychologogische, neurowissenschaftliche und schemapädagogische Reflexionen

Die Vielschichtigkeit der menschlichen Seele wird auch von den hier thematisierten Wissenschaften vertreten:

Tiefenpsychologische Autoren gehen seit jeher von unbewussten Prozessen aus, wenn sie auffällige Verhaltensweisen erklären. Demnach hat vor allem die Kindheit eine große Bedeutung für die psychische Entwicklung des Menschen. Kommt es etwa häufig zu Konflikten, so schlägt sich das eine oder andere zwischenmenschliche Problem auch innerpsychisch nieder. Unter Umständen hat dies lebenslange Auswirkungen – sobald frühkindliche Erfahrungen unbewusst re-inszeniert werden (siehe oben).

Neurowissenschaftliche Argumentation: Die meisten Neurowissenschaftler gehen davon aus, dass der Mensch in größerem Umfang von seinen frühen Erfahrungen beeinflusst wird. Das Gehirn „saugt" nach der Geburt die soziale Umwelt sprichwörtlich auf, und die Beziehungen zu den Bezugspersonen bilden sich nach und nach auch im Gehirn des Kleinkindes ab (siehe oben). Sie werden dadurch zu eigenen Maßstäben, zu Erwartungshaltungen. Ebenso wird im Rahmen der Neurowissenschaften der Mensch im Allgemeinen als ein „Bündel aus Ich-Zuständen" begriffen. Die Vorstellung, dass es lediglich ein einziges Ich-Bewusstsein geben würde, wurde in den letzten beiden Jahrzehnten verworfen. So unterscheidet etwa GERHARD ROTH (2007) zwischen dem sogenannten „moralischen Ich", „biografischen Ich", „handelnden Ich" usw. Diese verschiedenen „Ichs" werden aus der Vielschichtigkeit des menschlichen Gehirns abgeleitet.

Schemapädagogische Überlegungen: Auch im Rahmen der Schemapädagogik wird von der Vielschichtigkeit der Psyche ausgegangen, die Grundlagen dieses Ansatzes sind: Neurobiologie, Bindungstheorie und Motivationstheorie. (Auch) Schüler werden als „Ich-Bündel" angesehen, genauer gesagt, als Schemamodus-Bündel. Es wird davon ausgegangen, dass sich die Heranwachsenden nicht über ihre einzelnen Persönlichkeitsfacetten (= Schemamodi) bewusst sind. Kommt es nun zu Unterrichtstörungen, kann der Schemapädagoge das jeweilige Verhalten immer(!) auf einen bestimmten Schemamodus beziehen. Mit diesem Schemamodus wird dann behutsam gearbeitet. Der Lehrer unterstützt den Schüler bei der sogenannten Selbstklärung. Danach werden Lösungen erarbeitet und in zukünftigen Unterrichtsstunden erprobt.

Fazit
Schüler werden im Unterricht häufig von unbewussten Motiven, Auswirkungen von frühkindlichen Erfahrungen und Schemata zu dieser oder jenen Unterrichtsstörung animiert.
Der Lehrer beobachtet über einen längeren Zeitraum vor allem diejenigen Schüler in seiner Klasse, die zu den „schwierigen", anders gesagt, auffälligen gehören. Verschiedene Verhaltensweisen werden kategorisiert und analysiert. Sodann folgen schemapädagogische Interventionen.

Diese didaktisch-methodischen Vorgehensweisen sind altersgemäß und führen bestenfalls dazu, dass...

... aufseiten des Schülers Selbsteinsicht in problematisches Verhalten entsteht,
... die sogenannte externale Kausalattribuierung reduziert wird,
... Psychospiele gestoppt werden,
... Übertragungs- und Gegenübertragungsprozesse weitgehend „im Sande verlaufen",

... der Wiederholungszwang gestoppt wird,
... aufseiten des Schülers ein Gespür für die innerpsychische Pluralität entsteht.

Wer Schemapädagogik anwenden will, sollte natürlich auch über das Konzept als solches und dessen Grundlagen Bescheid wissen.

Schemafragebogen für Pädagogen

Der folgende Fragebogen soll Ihnen dabei helfen, Hinweise auf eigene Schemata zu erkennen und zu sammeln. Dies fördert die Selbsterkenntnis, andererseits kommt man dadurch vielleicht schon einigen „altbekannten" Beziehungsstörungen auf den Grund, die sich bis dato immer wieder wiederholen.

Man kann davon ausgehen, dass die Mehrheit der Personen, die in sozialen Berufen arbeiten (und auch sonstwo), eines oder mehrere Schemata aufweist.

Vorab sei noch erwähnt, dass der Fragebogen **nicht** dem in der Schematherapie eingesetzten Fragebogen entspricht, sondern auf der Textanalyse der Beschreibungen von YOUNG et al. (2008) basiert, die der Autor vorgenommen hat. Wissenschaftlich wurde er noch nicht untersucht; aber man kann davon ausgehen, dass er sicherlich etwas über Schema-*Tendenzen* aussagt.

Lesen Sie sich die Fragen genau durch, lassen Sie sich auf sie ein, und bewerten Sie die entsprechenden Aussagen auf einer Skala von 1 bis 6 (1= dieser Aussage stimme ich **überhaupt nicht** zu; 6= dieser Aussage stimme ich **voll** zu). Markieren Sie Ihre Einschätzungen.

(Diesen Fragebogen finden Sie auch als Kopiervorlage auf beiliegender CD.)

Schemafragebogen für Angehörige der sozialen Berufe

1. Emotionale Vernachlässigung (1= stimme ich überhaupt nicht zu; 6 = stimme ich voll zu)	
In vielen Momenten, in denen es mir nicht gut ging, habe ich wenig Unterstützung von meinen Bezugspersonen bekommen	1 2 3 4 5 6
Ich war zeit meines Lebens häufig auf mich alleine gestellt	1 2 3 4 5 6
Ich gebe nicht viel von meinem emotionalen Innenleben preis	1 2 3 4 5 6
Ich weiß häufig gar nicht, was ich fühle	1 2 3 4 5 6
Ich weiß meistens nicht, was meine Gesprächspartner fühlen	1 2 3 4 5 6
2. Verlassenheit/Instabilität (1= stimme ich überhaupt nicht zu; 6 = stimme ich voll zu)	
Ich bin davon überzeugt, dass man sich in einer Beziehung nicht völlig auf den Anderen verlassen kann	1 2 3 4 5 6
Ich finde: Vertrauen ist gut, Kontrolle ist besser!	1 2 3 4 5 6
Mir fällt es schwer, mich mit mir zu beschäftigen, wenn ich alleine bin	1 2 3 4 5 6
Ich suche ständig Gesellschaft	1 2 3 4 5 6
Auch in Phasen, in denen es mir gut geht, habe ich eher eine pessimistische Weltanschauung	1 2 3 4 5 6
3. Misstrauen (1= stimme ich überhaupt nicht zu; 6 = stimme ich voll zu)	
Ich teile die Menschen ein in „gut" und „böse"	1 2 3 4 5 6
Ich finde, man kann sich nicht genug vor den Mitmenschen in Acht nehmen	1 2 3 4 5 6
Ich brauche sehr lange, bis ich jemandem vertrauen kann	1 2 3 4 5 6
Manchmal mache ich Zu-Erziehende „so richtig zur Sau"	1 2 3 4 5 6
Ich erlebe oft Konflikte mit anderen	1 2 3 4 5 6
4. Soziale Isolation (1= stimme ich überhaupt nicht zu; 6 = stimme ich voll zu)	
Ich bin anders als die Anderen – das war schon immer so	1 2 3 4 5 6
Schon früher war ich „Außenseiter"	1 2 3 4 5 6
Ich fühle mich häufig missverstanden	1 2 3 4 5 6
Meine Mitmenschen haben wenig mit mir gemein	1 2 3 4 5 6
In meiner Rolle als Außenseiter fühle ich mich wohl	1 2 3 4 5 6

| 5. Unzulänglichkeit/Scham ||
(1= stimme ich überhaupt nicht zu; 6 = stimme ich voll zu)	
Kritik von meinen Mitmenschen annehmen – geht gar nicht	1 2 3 4 5 6
In meiner Freizeit bevorzuge ich typische Einzelgängertätigkeiten (z.B. Angeln, Fotografieren usw.)	1 2 3 4 5 6
Ich bekommen häufig Rückmeldung, dass mit mir etwas nicht stimmt	1 2 3 4 5 6
Ich werde häufig von meinen Bezugspersonen negativ bewertet	1 2 3 4 5 6
Ich trete in Gesellschaft sehr oft in „Fettnäpfe"	1 2 3 4 5 6

| 6. Erfolglosigkeit/Versagen ||
(1= stimme ich überhaupt nicht zu; 6 = stimme ich voll zu)	
Viele Projekte, die ich beginne, scheitern letztlich	1 2 3 4 5 6
Mir will einfach nichts gelingen	1 2 3 4 5 6
Ich verliere schnell die Geduld, wenn eine Sache, die ich angehe, nicht sofort funktioniert	1 2 3 4 5 6
Ich zweifele oft an mir selbst	1 2 3 4 5 6
Ich glaube, ich strahle nicht genug Selbstvertrauen aus	1 2 3 4 5 6

| 7. Abhängigkeit/Inkompetenz ||
(1= stimme ich überhaupt nicht zu; 6 = stimme ich voll zu)	
Ich glaube, dass meine hauptsächlichen Bezugspersonen in vielerlei Hinsicht kompetenter sind als ich	1 2 3 4 5 6
Ich fühle mich bei Aufgaben, die ich selbst übernehmen muss, schnell überfordert	1 2 3 4 5 6
Mein soziales Umfeld unterstützt mich in jeder Lebenslage	1 2 3 4 5 6
Ich finde, niemand sollte große Ansprüche an mich stellen	1 2 3 4 5 6
Ich kann schlecht im Alltag Entscheidungen treffen	1 2 3 4 5 6

| 8. Verletzbarkeit ||
(1= stimme ich überhaupt nicht zu; 6 = stimme ich voll zu)	
Ich finde, dass das Leben voller potenzieller Gefahren steckt	1 2 3 4 5 6
Man muss sich im Alltag vorsehen	1 2 3 4 5 6
Ich bin häufig gestresst, weil ich stets auf so viele Dinge achten muss	1 2 3 4 5 6
Ich verbringe einige Zeit damit, meine Mitmenschen vor den Gefahren des Alltags zu warnen	1 2 3 4 5 6
Ich konsumiere häufig Medien, in denen Krankheiten, Unfälle, Naturkatastrophen usw. thematisiert werden	1 2 3 4 5 6

9. Verstrickung/Unentwickeltes Selbst	
(1= stimme ich überhaupt nicht zu; 6 = stimme ich voll zu)	
Meine hauptsächliche Bezugsperson ist die Nr. 1 in meinem Leben	1 2 3 4 5 6
Wenn ich von meinem Partner getrennt werde, geht es mir nicht gut	1 2 3 4 5 6
Ich höre oft, ich sei zu fordernd, einengend, anspruchsvoll	1 2 3 4 5 6
Dass die Anderen mir in vielerlei Hinsicht hilfreich zur Seite stehen, finde ich normal – das muss so sein	1 2 3 4 5 6
Ich habe keine großartigen Hobbys	1 2 3 4 5 6
10. Anspruchshaltung/Grandiosität	
(1= stimme ich überhaupt nicht zu; 6 = stimme ich voll zu)	
Ich fühle mich meinen Mitmenschen gegenüber größtenteils überlegen	1 2 3 4 5 6
Ich bin sehr ehrgeizig	1 2 3 4 5 6
Ich hätte in meinem Leben noch viele andere Berufe ergreifen können, denn ich habe viele Fähigkeiten	1 2 3 4 5 6
Ich finde, dass ich im Vergleich zu anderen talentierter, unterhaltsamer, intellektueller usw. bin	1 2 3 4 5 6
Mir geht es gut, wenn meine Leistungen von meinen Mitmenschen wertgeschätzt und anerkannt werden	1 2 3 4 5 6
11. Unzureichende Selbstkontrolle/Selbstdisziplin	
(1= stimme ich überhaupt nicht zu; 6 = stimme ich voll zu)	
Es fällt mir schwer, täglich anfallende Routinearbeiten auszuführen (etwa im Haushalt oder im Beruf)	1 2 3 4 5 6
Wenn mich andere zu etwas drängen wollen, mache „ich dicht"	1 2 3 4 5 6
Ich fühle mich oft irgendwie „leer"	1 2 3 4 5 6
Mir fällt es schwer, Ordnung und Struktur einzuhalten, im Beruf wie in der Freizeit	1 2 3 4 5 6
Am besten geht es mir, wenn mich alle in Ruhe lassen und mich nicht beanspruchen	1 2 3 4 5 6

| 12. Unterwerfung/Unterordnung ||
(1= stimme ich überhaupt nicht zu; 6 = stimme ich voll zu)	
Ich vermeide bestmöglich Kontakt mit den Autoritätspersonen in meinem Beruf	1 2 3 4 5 6
Ich bemühe mich immer darum, einen guten Eindruck auf meine Vorgesetzten zu machen	1 2 3 4 5 6
Ich denke manchmal darüber nach, ob meine Vorgesetzten auch wirklich eine gute Meinung über meine Person haben	1 2 3 4 5 6
Wenn ich zurechtgewiesen werde, geht mir das tagelang nach	1 2 3 4 5 6
Wenn ich mich mit meinen Vorgesetzten unterhalte, bin ich voll konzentriert und gehe voll und ganz auf ihre Anliegen ein (im Nachhinein ärgert mich das dann oft)	1 2 3 4 5 6
13. Aufopferung	
(1= stimme ich überhaupt nicht zu; 6 = stimme ich voll zu)	
Ich denke viel an die Probleme anderer	1 2 3 4 5 6
Ich spüre sofort, wenn es meinem Gesprächspartner nicht gut geht	1 2 3 4 5 6
Ich habe immer ein offenes Ohr für meine Mitmenschen	1 2 3 4 5 6
Ich bin ein „super" Zuhörer und gebe meinem Gesprächspartner das Gefühl, dass er sich verstanden fühlt	1 2 3 4 5 6
Häufig denke ich, ich bin die erste Anlaufstation für die Probleme meiner Mitmenschen	1 2 3 4 5 6
14. Streben nach Zustimmung und Anerkennung	
(1= stimme ich überhaupt nicht zu; 6 = stimme ich voll zu)	
Mir geht es gut, wenn ich gesellschaftlich integriert bin und nicht anecke	1 2 3 4 5 6
Ich suche häufig die Bestätigung und Zustimmung meines sozialen Umfelds	1 2 3 4 5 6
Mir fällt es sehr leicht, auf die Weltanschauung meiner Mitmenschen einzugehen und „Gleichklang" herzustellen	1 2 3 4 5 6
Bleibt einmal Lob für meine Arbeit aus, geht es mir augenblicklich schlecht	1 2 3 4 5 6
Mir bedeutet es sehr viel, was meine Familie, meine Arbeitskollegen, meine Nachbarn usw. über mich denken	1 2 3 4 5 6

15. Emotionale Gehemmtheit	
(1= stimme ich überhaupt nicht zu; 6 = stimme ich voll zu)	
Ordnung, Struktur und Sicherheit sind wichtige Dinge in meinem Leben	1 2 3 4 5 6
Ich beschäftige mich häufig mit Statistiken, Tabellen und „Fakten", beruflich wie privat	1 2 3 4 5 6
Manche sagen zu mir, ich sei in Gesellschaft etwas zu „sachlich"	1 2 3 4 5 6
Ich denke erst darüber nach, bevor ich etwas sage	1 2 3 4 5 6
Ich finde, dass Emotionen überschätzt werden	1 2 3 4 5 6
16. Überhöhte Standards	
(1= stimme ich überhaupt nicht zu; 6 = stimme ich voll zu)	
Meine Mitmenschen sagen mir manchmal, ich sei perfektionistisch und dazu ein „Arbeitstier"	1 2 3 4 5 6
Alle Projekte, die ich bearbeite, müssen gleich gut funktionieren	1 2 3 4 5 6
Gelingt mir mal etwas nicht, falle ich sofort in ein emotionales Loch	1 2 3 4 5 6
Ich habe immer einen großen Vorrat an „unerledigten", aber sehr wichtigen Dingen, die noch anstehen	1 2 3 4 5 6
Im Urlaub fällt es mir schwer, zu entspannen; die „Fünfe gerade sein lassen" – geht gar nicht	1 2 3 4 5 6
17. Negatives hervorheben	
(1= stimme ich überhaupt nicht zu; 6 = stimme ich voll zu)	
Für mich ist das „Glas immer halb leer"	1 2 3 4 5 6
Ich finde immer „das Haar in der Suppe"	1 2 3 4 5 6
Manche sagen, ich würde ihnen permanent die Stimmung vermiesen	1 2 3 4 5 6
Ich bewerte Alltagsangelegenheiten in der Regel sehr negativ	1 2 3 4 5 6
Ich habe wenig Bekannte, die meine negative Einstellung teilen	1 2 3 4 5 6
18. Bestrafungsneigung	
(1= stimme ich überhaupt nicht zu; 6 = stimme ich voll zu)	
Ich schätze Regeln und Gesetze sehr und halte mich daran	1 2 3 4 5 6
Verfehlungen, die andere begehen, bestrafe ich umgehend	1 2 3 4 5 6
Bei Verfehlungen lasse ich keine Ausreden gelten	1 2 3 4 5 6
Ich verbringe viel Zeit damit, mein soziales Umfeld zu kontrollieren	1 2 3 4 5 6
Ich präferiere den autoritären Erziehungsstil	1 2 3 4 5 6

Auswertung

Zählen Sie nun die Punkte je Schema zusammen und tragen Sie sie in die Tabelle ein.

Nr.	Schema	Gesamtpunktzahl
1.	Emotionale Vernachlässigung	
2.	Verlassenheit/Instabilität	
3.	Misstrauen/Missbrauch	
4.	Soziale Isolation	
5.	Unzulänglichkeit	
6.	Erfolglosigkeit/Versagen	
7.	Abhängigkeit/Inkompetenz	
8.	Verletzbarkeit	
9.	Verstrickung/ unentwickeltes Selbst	
10.	Anspruchshaltung/Grandiosität	
11.	Unzureichende Selbstkontrolle/Selbstdisziplin	
12.	Unterwerfung/ Unterordnung	
13.	Aufopferung	
14.	Streben nach Zustimmung und Anerkennung	
15.	Emotionale Gehemmtheit	
16.	Überhöhte Standards	
17.	Negatives hervorheben	
18.	Bestrafungsneigung	

An folgender Skala können Sie sich orientieren:

0-10 Punkte   schwach ausgeprägte Tendenz
11-20 Punkte   mittelstark ausgeprägte Tendenz
21-30 Punkte   stark ausgeprägte Tendenz

Was resultiert aus einer stark ausgeprägten Tendenz?

Wie oben schon erwähnt – man kann davon ausgehen, dass die meisten Menschen in unserer Gesellschaft ein oder mehrere Schemata offenbaren. Dass Problem ist nicht die Existenz von Schemata, sondern die damit gewöhnlich einhergehenden Selbst-Unkenntnis. Dies hat neurobiologische Ursachen.

Schemata entstanden meistens in der frühen Kindheit. Sie werden daher nicht infrage gestellt, und die Betreffenden denken und handeln in bestimmten Situationen immer wieder Schemagetrieben. So kommt es stets zu denselben Konflikten mit sich selbst und anderen.

Sollten Sie nun ein oder mehrere Schemata bei sich selbst entdecken, so haben Sie nunmehr die

Chance, konstruktiv mit diesen innerpsychischen Mustern umzugehen.

In Hinsicht auf den Alltagsunterricht heißt das: Sie müssen Situationen, die bestimmte Schemata auslösen, als solche erkennen. Und dann widerstehen Sie „einfach" Ihrem ersten Denk- beziehungsweise Verhaltensimpuls.

Langsam, aber sicher, können Sie Verhaltensautomatismen aufbrechen. Im Folgenden werden die Auswirkungen der oben genannten Schemata im Schulalltag beschrieben.

(Diese Auswertung finden Sie auch als Kopiervorlage auf beiliegender CD.)

Domäne 1: Abgetrenntheit und Ablehnung

Die Domäne *Abgetrenntheit und Ablehnung* beinhaltet folgende Schemata:

> *Emotionale Vernachlässigung,*
> *Verlassenheit/Instabilität,*
> *Misstrauen/Missbrauch,*
> *Soziale Isolation,*
> *Unzulänglichkeit/Scham.*

Emotionale Vernachlässigung

Mit diesem Muster verbunden ist das tiefe Gefühl, unbedeutend für die Personen im sozialen Umfeld zu sein. Betreffende meinen, sie seien „nichts wert".

Menschen, die die „Lebensfalle" *Emotionale Vernachlässigung* ausgeprägt haben, sind entsprechend der Auffassung, dass die Personen im Umfeld nicht gewillt sind, auf deren Wünsche und Bedürfnisse einzugehen. Entsprechend sind Erstere dauerhaft frustriert, depressiv verstimmt.

Der eigentliche Grund: Sie erwarten gewissermaßen ein bestimmtes negatives Verhalten von ihren Mitmenschen und sehen nicht, dass auch sie einen Anteil an dem „Problem" haben.

Das heißt, sie lassen unbewusst ausschließlich „passende" Beziehungs- und Sozialpartner in den engsten Kreis. Mit „passend" ist gemeint: emotional kühle, egozentrische Partner. Solche Menschen bestätigen die Erwartungshaltung des Betreffenden.

Doch Personen mit diesem Schema erkennen ihr zugrundeliegendes Muster nicht. Sie fühlen sich daher auch häufig missverstanden, schlecht behandelt.

In Hinsicht auf die Ursachen dieses Schemas lässt sich annehmen: Die Bezugspersonen sind in der Kindheit des Betreffenden nicht authentisch und verlässlich auf seine Grundbedürfnisse eingegangen.

Eine derartige dauerhafte Frustration kann eine lebenslange Beeinträchtigung nach sich ziehen, nämlich dann, wenn sich die sozialen Konstellationen im Gehirn des jungen Menschen „einbrennen".

Der Betreffende erwartet dann nämlich zukünftig von seinen aktuellen Beziehungspartnern dieselbe emotionale Kälte, die damals vorherrschte. Mit anderen potenziellen Partnern, die eher eine „Otto-Normalverbraucher"-Mentalität haben, kann man nichts anfangen, da springt „kein Funke" über.

Wie wird das Schema bewältigt?

Üblicherweise werden maladaptive Schemata, die vorwiegend in der Kindheit und Jugend entstehen, mittels verschiedener Bewältigungsstile verarbeitet; diese Stile treten mehr oder weniger konstant auf. Das heißt, dass in einer potenziell schemaauslösenden Situation (oder in Bezug auf die allgemeine Lebensphilosophie) meistens dieselbe Verhaltenstendenz gezeigt wird, um gerade die Auslösung zu verhindern.

Es ist wichtig zu erwähnen, dass die Bewältigungsreaktionen strenggenommen nicht effizient in Hinsicht auf die Schemaheilung sind. Sie erhalten das Schema aufrecht, weil sie eine emotionale Verarbeitung der Erfahrungen unmöglich machen. Dadurch kommt es nicht zu Heilung. (Dies wird in der Schematherapie bewusst praktiziert, siehe ROEDIGER 2009b, 33ff.)

Bei den Bewältigungsstilen handelt es sich um: *Erduldung, Vermeidung, Kompensation*:

- ➢ Erduldung. – Man ergibt sich unbewusst seinem Schema und nimmt sich selbst und die soziale Umwelt entsprechend seiner frühen Prägung wahr, wenn auch in abgeschwächter Form. Beziehungspartner werden nach Kriterien des jeweiligen Schemas ausgewählt beziehungsweise dazu animiert, gemäß der eigenen Schema-Erwartungshaltung zu handeln.
- ➢ Vermeidung. – Wenn der Betreffende das Schema vermeidet, gestaltet er seinen Alltag, seinen Freundeskreis, seinen Lebensstil so, als ob das Schema gar nicht existieren würde.
- ➢ Kompensation. – Im Falle dieses Mechanismus kommt es zu einer Verkehrung ins Gegenteil. Das Schema wird nicht nur verdrängt, sondern geradewegs widerlegt. Betreffende tun dann genau das Gegenteil von dem, was das zugrundeliegende Schema eigentlich beinhaltet.

In Hinsicht auf die drei Bewältigungsmechanismen – Erduldung, Vermeidung, Kompensation – gestaltet sich die Sachlage bei diesem Schema folgendermaßen:

1. **Erduldung**: Eine eher mangelhafte Selbstfürsorge charakterisiert den Lebensstil. Wie oben schon erwähnt, werden „passende" Partner bevorzugt, mit denen leicht das Dilemma von früher re-inszeniert werden kann. Jene scheren sich nicht viel um den Betreffenden. Das heißt, sie gehen nicht ausreichend auf seine Anliegen ein. Durch die vorauseilende hohe Erwartungshaltung beziehungsweise (das andere Extrem) durch die Vermittlung des Eindrucks, stets wäre alles in Ordnung, halten sie den Anderen auch unbewusst davon ab, emotionale Zuwendung zu geben.
2. **Vermeidung**: Wer dieses Schema vermeidet, der meidet gewöhnlich auch sozialen Kontakt. Man konzentriert sich auf die „böse Welt" und will sich vor ihr schützen. Unfreiwillig kommuniziert man seine Gesinnung auch nach außen – und wird gewöhnlich „in Ruhe gelassen".
3. **Kompensation**: Bei der dritten Bewältigungsmöglichkeit ergibt sich ein anderes Bild. In-

folge der Kompensation kommt es meistens zu einer extrem altruistischen Haltung und man engagiert sich übermäßig für die Mitmenschen. Ein anderes Phänomen, das häufig auftritt: der Betreffende meldet mit Nachdruck plötzlich seine Bedürfnisse an. Der Andere soll konkret und aufopferungsvoll auf sie eingehen. Dabei werden gleichzeitig sehr hohe Ansprüche gestellt.

Transfer in den Schulalltag

Lehrer mit diesem Schema...	Schüler mit diesem Schema...
... sind oft der Meinung, sie würden kein positives Feedback von den Heranwachsenden bekommen	... lassen sich aus Angst vor Enttäuschung nur sehr selten emotional auf eine Lehrkraft ein
... „versagen" auf der Beziehungsebene	... sind Einzelgänger
	... arbeiten mündlich nicht mit

Relevante Schemamodi: *Verletzbares Kind, Angepasster Unterwerfer, Distanzierter Beschützer, Aggressiver Beschützer, Innere Bestrafer (nach innen wirkend)*

Beteiligte Tests: Aus Schülersicht: „Den Lehrer häufig mit Anfragen bedrängen – und damit überfordern wollen"; aus Lehrersicht: „Den Schülern (zu) viele Beziehungsangebote machen – und darauf hoffen, dass sie angenommen werden"

Images: „Ich bin wertlos", „Ich bin alleine"

Beteiligte Appelle: „Kümmere Dich um mich (uns)", „Geh auf meine (unsere) Bedürfnisse ein"

Relevante Psychospiele: „Pessimismus" (alles „schwarz" sehen wollen), „Anecken" (unvorteilhaft in der Gruppe auftreten und sich dann über das negative Feedback beschweren)

Verlassenheit/Instabilität

Eine ständige Furcht davor, von seinen aktuellen Bezugspersonen verlassen zu werden, spielt bei diesem Schema eine große Rolle. Meistens entstand das Muster in der Kindheit, oft bedingt durch ein traumatisches Erlebnis (Tod oder schwere Krankheit eines Elternteils).

Andere, ebenso potenziell relevante Ursachen sind: Scheidung der Eltern (inklusive etwa einer Neuvermählung), emotional abweisende Bezugspersonen, die sich lieber langfristig anderen Personen zuwandten und damit dem Heranwachsenden kommunizierten: „Andere sind interessanter als Du!" (ROEDIGER 2009a, 54)

Die Auswirkungen dieses Schemas betreffen vor allem den späteren Beziehungsstil. Betreffende haben entsprechend eine selektive Wahrnehmung und sind felsenfest davon überzeugt: Zwischenmenschliche Beziehungen sind nicht verlässlich, werden ständig von Konflikten heimgesucht und sind deshalb eben *dauerhaft instabil*.

Naturgemäß bleibt es nicht nur bei dieser Annahme. Das heißt, Personen mit diesem Schema „bringen" den Anderen durch verschiedene Aktionen, etwa durch zu starkes Anklammern, dazu, entsprechend „unzuverlässig" zu reagieren. Aber das wird nicht gesehen (wie auch bei allen anderen Schemata der Fall).

Die Bewältigungsformen, die bei dieser „Lebensfalle" zutage treten, sehen meistens aus wie folgt:

1. **Erduldung**: Personen mit diesem Schema gehen zwar Beziehungen mit anderen ein; doch stehen diese in der Regel unter einem schlechten Stern. Angst (vor dem Verlassenwerden) und Eifersucht bestimmen die engsten Beziehungen in zahlreichen Facetten. Auf der anderen Seite sucht und findet man immer wieder Menschen, die tatsächlich schnell wieder das Weite suchen. Sehr zum Missfallen des Anderen.
2. **Vermeidung**: Soziale Isolation stellt eine andere Möglichkeit dar, mit diesem Schema umzugehen. Nur wenigen Mitmenschen gegenüber öffnet man sich. Vorzugsweise werden auch entsprechende Hobbys ausgewählt, die man alleine praktizieren kann.
3. **Kompensation**: Zwei entgegengesetzte Extreme offenbaren Personen, die dieses Muster kompensieren: (a) Sie erwarten sehr viel Entgegenkommen von ihren Beziehungspartnern und kontrollieren sie gleichzeitig; (b) die Betreffenden gehen Bindungen ein, die sie spontan abbrechen, „um den Anderen zuvorzukommen". Gegen beide Kompensationsstrebungen können die Anderen nur wenig ausrichten, da es den Betreffenden vor allem an Einsicht in die eigene Motivation fehlt.

Transfer in den Schullalltag

Lehrer mit diesem Schema…	Schüler mit diesem Schema…
… lassen Schüler nur selten emotional an sich „heran"	… offenbaren eine Einzelgängermentalität
… sind oft depressiv und bringen ihre Stimmung mit ein in den Alltag	… lassen sich von ihrer negativen Gemütsverfassung die Leistungsfähigkeit einschränken
Relevante Schemamodi: *Verletzbares Kind, Angepasster Unterwerfer, Distanzierter Beschützer, Innere Bestrafer (nach innen wirkend)*	
Beteiligte Tests: Aus Schülersicht: „Dem Lehrer unterstellen, er würde sich nicht um einen kümmern"; aus Lehrersicht: „Den Schülern sagen, dass sie undankbar seien"	
Images: „Ich werde immer wieder verlassen", „Ich bin nicht liebenswürdig"	
Beteiligte Appelle: „Sei solidarisch", „Kümmere Dich um mich"	

> **Relevante Psychospiele:** „Allein, allein" (durch zu hohe Anforderungen Beziehungspartner abschrecken und sich darüber empören), „Komm her, geh weg" (sich mit Mitschülern intensiv anfreunden und sie dann plötzlich vor den Kopf stoßen)

Misstrauen/Missbrauch

Das Muster *Misstrauen/Missbrauch* dürfte nach meiner Einschätzung die meisten und schwerwiegendsten Konflikte im Schulalltag auslösen. Es entsteht vorwiegend in der Kindheit, und zwar durch längerfristige Frustration, Hänseleien, physische und psychische Verletzungen seitens der Bezugspersonen. Sexueller Missbrauch ist hierbei auch des Öfteren ein Thema.

Der Heranwachsende hat in der Regel viele „Grenzüberschreitungen" erlebt, die unmittelbaren Einfluss auf seine Hirnentwicklung hatten, sich neuronal „festsetzten".

Nunmehr erwartet man im Jugend- beziehungsweise Erwachsenenalter dieselben unmoralischen Verhaltensweisen von seinen Mitmenschen. Gegen „die Anderen" schützt man sich geradezu vorauseilend, ist infolgedessen extrem misstrauisch und erwartet gewissermaßen, dass man jederzeit angegriffen, enttäuscht, frustriert wird (wie früher der Fall).

Entsprechend unterstellt man den Anderen viel zu oft böse Absichten – und dann muss man sich natürlich vehement „wehren". Fatal an dieser Wahrnehmung sind vor allem die realen Folgen – für den Interaktionspartner.

Denn Personen mit diesem Schema haben meistens von den „Tätern von damals" gelernt, wie man wirkungsvoll Gewalt anwendet, und zwar in unzähligen „einfallsreichen" Variationen. Unter umgekehrten Vorzeichen – aus dem ehemaligen Opfer wird infolge einer Schema-Aktivierung manchmal ein „professioneller" Täter – werden Beziehungspartner nun wirkungsvoll geschädigt.

„Mitleid" ist für die Täter dann ein Fremdwort. Als Lehrkraft erkennt man den in brisanten Situationen relevanten Modus (*Innere Bestrafer – nach außen gerichtet*) anhand der Körpersprache und der gewählten Worte, die der Betreffende sagt, um sich zu rechtfertigen. Gerade im Praxisfeld Schule kann sich daher dieses Schema als „hartnäckiger Konfliktherd" entpuppen, der die Klasse das komplette Schuljahr über begleitet. Neben der Tendenz, sich übermäßig gegen „die bösen Absichten" der Anderen zu „wehren", kommt es auch dann und wann zu einem gegensätzlichen Phänomen.

Das heißt, es kommt spontan zu emotionalen Zusammenbrüchen, die mit einer extrem negativen Selbstwahrnehmung einhergehen („Ich bin nicht liebenswert, ich bin schuld!"). Dann sind manchmal suizidale Tendenzen beziehungsweise selbstverletzende Verhaltensweisen zu beobachten.

Nun einige Worte zu den Bewältigungsmechanismen.

1. **Erduldung**: Misstrauen, Unterstellungen, Konflikte, Stress – das alles steht im Vordergrund bei diesem Bewältigungsmechanismus. Der Betreffende umgibt sich mit Personen, die sein Schema bestätigen, ihn demnach mehr oder wenige unmoralisch behandeln. Sie „passen" aus dieser Perspektive. Viele weibliche Teenager mit diesem Schema fühlen sich ausschließlich von den sogenannten „harten Jungs" angezogen. In einer solchen Partnerschaft finden dann manchmal auch physische und psychische Gewalt, exzessive sexuelle Ausschweifungen und Suchtmittelmissbrauch statt.
2. **Vermeidung**: Wie auch bei den bisher beschriebenen Schemata der Fall, schützt sich der Betreffende nunmehr vor „den Anderen" und hält sich entsprechend bedeckt. Man bleibt vorwiegend zu Hause und scheut die Öffentlichkeit. Außerdem werden in der Regel ausschließlich Beziehung zu gleichgeschlechtlichen Personen unterhalten. Eine extreme Wahrnehmung dominiert: „Nie wieder lasse ich mich auf einen Mann/eine Frau ein!"
3. **Kompensation**: Wieder lassen sich zwei außergewöhnliche Kompensationstendenzen beobachten: (a) Die Mitmenschen werden in übertriebener Weise schlecht behandelt, ausgebeutet, niedergemacht; (b) oder aber man gibt sich extrem „harmlos", sobald man mit anderen Personen in Kontakt kommt.

Transfer in den Schullalltag

Lehrer mit diesem Schema...	Schüler mit diesem Schema...
... vermuten *immer*, dass einzelne Schüler schlecht über sie reden (und teilen dies auch *immer* ihren Kolleginnen und Kollegen mit)	... sind schnell emotional auf 180, wenn die Erwartungen, die an die Mitschüler oder an die Lehrkraft gestellt werden, nicht *sofort* erfüllt werden
... machen „professionell-sadistisch" bestimmte Heranwachsende im Klassenverband fertig	... sind professionelle Mobber
	... erleben regelmäßig emotionale Zusammenbrüche

Relevante Schemamodi: *Verletzbares Kind, Impulsiv-undiszipliniertes Kind, Distanzierter Beschützer, Innere Bestrafer (nach innen und außen wirkend)*

Beteiligte Tests: Aus Schülersicht: „Den Lehrer stressen – mit dem Ziel, dass er irgendwann aus der Haut fährt"; aus Lehrersicht: „Schüler mit autoritärem Auftreten zu *erwünschten* Reaktionen animieren"

Images: „Mit mir ist nicht gut Kirschen essen", „Ich bin gefährlich"

Beteiligte Appelle: „Steh immer zu mir", „Komme sofort meinen Bedürfnissen nach"

> **Relevante Psychospiele:** „Provokation" (andere so lange provozieren, bis sie „endlich" aggressiv werden), „Heul doch!" (in zahllosen Variationen physische und psychische Gewalt ausüben)

Soziale Isolation

Infolge dieses Schemas offenbaren Personen alle „Qualitäten" eines überzeugten Einzelgängers. Der Betreffende macht sein „eigenes Ding", ist nicht sozial vernetzt. Das heißt, er gehört im Jugendalter auch gewöhnlich keiner Peergroup an.

Interesse an den Anderen im Wirkungsbereich besteht nicht. Lediglich die eigene Familie bildet eine Ausnahme. In diesem Schonraum ist man authentisch und führt normale Konversationen.

Vermehrt taucht dieses Muster bei Familien auf, die sich nach außen hin stark abgrenzen und quasi in ihrer eigenen Welt leben. Dies führt aufseiten der Heranwachsenden zu der Überzeugung, „irgendwie anders zu sein als die Anderen".

Eine andere potenzielle Ursache: es haben in der Ursprungsfamilie schon Ausgrenzungsbestrebungen stattgefunden. Das heißt, der Betreffende bekam von den primären Bezugspersonen vermittelt: „Du bist irgendwie anders als die Anderen!"

Entsprechend kann sich das Muster bereits im Kindergarten- und Grundschulalter zeigen und sich selbst verstärken – wenn es den Pädagogen nicht gelingt, die sozialen Kompetenzen des Betreffenden zu fördern.

Erschwert wird dieses Unternehmen häufig deshalb, weil sich die Heranwachsenden von sich aus, also selbstmotiviert ausgrenzen. Die anderen Gruppenmitglieder bekommen unterschwellig diese Motivation natürlich mit und können durch „entgegenkommende" Verhaltensweisen dieses Muster verstärken.

Trifft man als Lehrkraft einer weiterführenden Schule auf Heranwachsende mit diesem Schema, so hat man es natürlich sehr schwer, den Betreffenden aus der Reserve zu locken.

Zu den Bewältigungsmechanismen ist Folgendes anzumerken:

1. **Erduldung**: Man ergibt sich seinem Lebensthema und bleibt Außenseiter. Manchmal schließt man sich einer Gruppe an, bleibt aber unauffälliger Mitläufer. Integration wird nicht angestrebt.
2. **Vermeidung**: Der Kontakt zu den Mitmenschen wird auf dem niedrigsten Niveau gehalten. Niemand wird in den engsten Kreis gelassen. Die Ausnahme stellt lediglich die Herkunftsfamilie dar.

3. **Kompensation**: Infolge dieses Mechanismus schaltet der Betreffende „um". Er möchte nun unbedingt aktives Mitglied einer Gruppe werden. Hat man dies geschafft, gelingt die Integration dennoch nur sekundär.

Transfer in den Schullalltag

Lehrer mit diesem Schema...	Schüler mit diesem Schema...
... wirken auf die Heranwachsenden wie „Außerirdische" ... kommunizieren ausschließlich auf der Sachebene	... sind *die* Außenseiter der Klasse ... lassen sich nie zu Gruppenaktivitäten animieren und arbeiten nicht im Unterricht mit
Relevante Schemamodi: *Distanzierter Beschützer, Innere Bestrafer (nach innen wirkend)* **Beteiligte Tests:** Aus Schülersicht: „Nicht dem Unterricht folgen"; aus Lehrersicht: „Nicht auf die Interessen der Schüler eingehen" **Images:** „Ich gehöre nirgendwo hin", „Ich bin anders als die Anderen" **Beteiligte Appelle:** „Lass mich in Ruhe", „Bitte keine Gruppenarbeit" **Relevantes Psychospiel:** „Abgrenzung" („fremd" auf andere wirken und sich daran laben)	

Unzulänglichkeit/Scham

Auch Personen mit diesem Schema haben eine extreme Selbstwahrnehmung. Sie meinen sinngemäß: „Ich bin nicht okay, habe viele Fehler – und die Anderen werden irgendwann dahinter kommen!"

Entsprechend werden eigene Potenziale gar nicht gesehen. Eher neigt man zu negativen Selbstzuschreibungen, die man irgendwann auch dem sozialen Umfeld ausführlich kommuniziert.

Interessant zu beobachten ist bei dieser Lebensfalle wieder die Tendenz zur „selbst erfüllenden Prophezeiung". Der Betreffende manövriert sich immer wieder in Situationen, in denen er sich als „Depp vom Dienst" entpuppt.

So gibt es immer mal wieder Schüler, die bestimmte Probleme wie magisch anziehen. Entweder sagen sie regelmäßig „was typisch Dummes", damit die anderen Heranwachsenden zu einem entsprechenden Eindruck kommen (müssen). Oder aber sie versagen stets bei denselben Aufgaben („Sehen Sie, Herr X, ich kann's nicht!).

Die sozialen Kompetenzen sind in der Regel eher schwach ausgeprägt; eine große Angst vor Ablehnung besteht.

Gleichzeitig wird dieses Schema in strenger Gesetzmäßigkeit verwirklicht, indem man Personen des anderen Geschlechts „wie immer" so unvorteilhaft anspricht, sodass jene geradezu zu einer „Abfuhr" animiert werden.

Gibt man Menschen mit diesem Muster ein Feedback, selbst ein konstruktives, so wird es automatisch negativ interpretiert, egal wie es formuliert wurde. Auf der anderen Seite sind betreffende Schüler „passende Opfer" für diejenigen Heranwachsenden, die andere gerne diskreditieren oder mobben – wodurch das Schema des Außenseiters leicht wieder bestätigt wird.

In Hinsicht auf die Ursachen lässt sich feststellen: Die negative Selbstwahrnehmung wurde gewöhnlich im engsten sozialen Umfeld „erlernt".

Entsprechend berichten die Betreffenden immer wieder von bestimmten Erfahrungen (Herabsetzung, negative Rückmeldung durch die Eltern- oder Elternersatzpersonen oder durch andere Kinder und Jugendliche).

Im Folgenden einige Worte zu den Bewältigungsmechanismen:

1. **Erduldung**: Der Betreffende fühlt sich minderwertig, schlecht, unerwünscht. Diese Erwartungshaltungen werden auch unbewusst den Mitmenschen kommuniziert und durch bestimmte Strategien „realisiert" (den Clown spielen, peinlich sein, einen ungeschickten gesellschaftlichen Umgang pflegen, siehe auch YOUNG et al. 2008, 45). Das Umfeld wird entsprechend selektiert. Das heißt, man freundet sich mit Menschen an, die die Rolle der ehemaligen „Herabsetzer" spielen sollen. Dieser Mechanismus kann sich auch in einer unvorteilhaften Berufs- und Partnerwahl offenbaren. Eigene Potenziale werden nicht erkannt, man bleibt weit unter seinen Möglichkeiten, steht sich gewissermaßen selbst im Weg.
2. **Vermeidung**: Man passt sich übermäßig, ja chamäleonartig den Meinungen der Mitmenschen an. Dabei werden die eigenen Gedanken nicht verbalisiert, aus Angst, die Anderen könnten einen daraufhin ablehnen. In Gesprächen fällt auf, dass sie das Gegenüber lieber reden lassen. Parallel hierzu kann auch das Bestreben bestehen, den „sozialen Rückzug" anzutreten.
3. **Kompensation**: Nunmehr verfällt man ins andere Extrem. Jetzt werden aktiv die Mitmenschen runtergemacht, gedemütigt (Stichwort: Lästern!). Stets „findet" man etwas, an dem man herummäkeln kann. Auch das Selbstbild ändert sich: man fühlt sich in vielerlei Hinsicht kompetent und „fähig". Manchmal wird auch ein extremer Perfektionismus vertreten.

Transfer in den Schullalltag

Lehrer mit diesem Schema...	Schüler mit diesem Schema...
... zweifeln oft an sich selbst („Mache ich alles richtig?") ... kommen nicht sehr selbstbewusst im Unterricht „rüber"	... machen vorauseilend den Eindruck, sehr „brav" und „unschuldig" zu sein ... ziehen Mobbing wie magisch an ... „versagen" regelmäßig bei Prüfungen

Relevante Schemamodi: *Verletzbares Kind, Ärgerliches (bzw. Wütendes) Kind, Distanzierter Beschützer, Angepasster Unterwerfer, Innere Bestrafer (nach innen und außen wirkend)*

Beteiligte Tests: Aus Schülersicht: „Ich passe mich allen an – damit sie mich in Ruhe lassen"; aus Lehrersicht: „Ich vermittele Gutartigkeit, um mir Freunde zu machen"

Images: „Ich bin brav und will keinen Stress", „Ich bin nicht okay"

Beteiligte Appelle: „Hilf mir", „Überfordere mich nicht"

Relevante Psychospiele: „Depp" (peinlich auffallen und sich darüber beschweren, dass die Anderen lachen), „Interview" (in Unterhaltungen vorwiegend Fragen stellen, damit der Andere keine stellt)

Domäne 2: Beeinträchtigung von Autonomie und Leistung

In der Domäne *Beeinträchtigung von Autonomie und Leistung* sind folgende Schemata zusammengefasst:

- *Erfolglosigkeit/Versagen,*
- *Abhängigkeit/Inkompetenz,*
- *Verletzbarkeit,*
- *Verstrickung/Unentwickeltes Selbst.*

Erfolglosigkeit/Versagen

In der Entstehungsgeschichte dieses Musters finden sich meistens Bezugspersonen, die dem Betreffenden häufig vermittelten: „Du wirst es in Deinem Leben zu nichts bringen." Parallel einher mit dieser Angelegenheit gingen auch oft viel zu hohe Erwartungen seitens der Familie, die gar nicht erfüllt werden konnten.

Vielleicht wurde dem Heranwachsenden auch die notwendige Unterstützung bei wichtigen Angelegenheiten verwehrt; oder aber insbesondere diejenigen Situationen wurden ihm „erspart", in denen er seine Selbst-Wirksamkeit hätte entdecken und ausprägen können.

Es ist kein Geheimnis, dass es hinsichtlich der genannten Entwicklungsschritte eines kindlichen Schonraums bedarf; hier kann der junge Mensch mit Objekten hantieren (spielen) und erkennen: *Ich bewege etwas*, genauer gesagt: *Ich kann etwas bewegen*.

Was lässt sich in Hinsicht auf das hier beschriebene Muster weiterhin feststellen? – Betreffende erlebten meistens zahlreiche Misserfolge in den Bildungsinstitutionen, die maßgeblich zur weiteren Ausprägung des Musters und zur „Festigung des Themas" beitrugen. Im Detail lässt sich häufig gar nicht genau klären, was zuerst „da" war: die dauerhafte Frustration im sozialen Umfeld oder die Niederlagen im Kindergarten, in der Grundschule usw.

Im Erwachsenenalter dann bleibt das Thema stets aktuell. Stets „versagt" man bei den wichtigen Angelegenheiten des Lebens: in der Ausbildung, im Beruf, in der Partnerschaft, bei Erziehungsfragen usw.

Die Leistungsfähigkeit „der Anderen" wird in der Regel stark überbewertet, aber auch diese Wahrnehmung hat biografische Gründe. Meistens wurde sie „antrainiert".

Betreffende sind nur sehr schwer von ihrem Lebensstil abzubringen. Überflüssig zu erwähnen, dass auch sie weit unter ihren Möglichkeiten bleiben. Sie bleiben in ihrer Lebensfalle stecken.

Was lässt sich zu den Bewältigungsmechanismen sagen?

1. **Erduldung**: Mit „niedriger Drehzahl" bewältigt der Betreffende den Alltag. Unliebsame Situationen, beruflich und privat, werden als völlig normal angesehen. Das Thema Versagen taucht oft in den genannten Lebensbereichen auf. Man meint aufgrund von Wahrnehmungsverzerrungen, die Mitmenschen seien viel talentierter, leistungsfähiger als man selbst. Eine gewisse „Selbstsabotage" in Ausbildung, Schule und Beruf ist häufig auffällig („aus Versehen" regelmäßig zu spät erscheinen, „aus Zufall" wichtige Unterlagen vergessen usw.).
2. **Vermeidung**: Infolge dieses Mechanismus werden Risiken im Allgemeinen völlig gemieden. Außerdem besteht die starke Tendenz zum sozialen Rückzug. Anfallende Arbeiten in Beruf und Freizeit, die erledigt werden müssen, schiebt man auf die lange Bank. Auf die Mitmenschen macht man einen stark introvertierten Eindruck.
3. **Kompensation**: Wer dieses Muster kompensiert, entwickelt plötzlich ungeahnte Kräfte, neigt entsprechend zum Perfektionismus. Von jetzt auf gleich werden anspruchsvolle Projekte begonnen. Meistens werden sie dann alle gleichzeitig bearbeitet. Um das eigene „Loser-Gefühl" zu kompensieren, werden unter Umständen auch die Leistungen der

Mitmenschen kritisiert, genauer gesagt, infrage gestellt.

Transfer in den Schullalltag

Lehrer mit diesem Schema...	Schüler mit diesem Schema...
... werden ihrer Berufsrolle nur selten gerecht, weil sie nicht überzeugend auftreten	... können ihre Fähigkeiten nicht zeigen
... vergleichen sich ständig mit Kolleginnen und Kollegen	... fallen in der Klasse nicht groß auf
	... treten öfter „unvorteilhaft" auf

Relevante Schemamodi: *Verletzbares Kind, Manipulierer, Trickser, Lügner, Distanzierter Beschützer, Angepasster Unterwerfer, Innere Bestrafer (nach innen wirkend)*

Beteiligte Tests: Aus Schülersicht: „Nichts im Unterricht sagen – damit der Lehrer einen in Ruhe lässt"; aus Lehrersicht: „Friedhöflichkeit vermitteln – damit die Schüler einen in Ruhe lassen"

Images: „Ich kann nix", „An mich darf man keine Ansprüche stellen"

Beteiligte Appelle: „Überfordere mich nicht", „Bestrafe mich nicht"

Relevante Psychospiele: „Umstände" (die eigenen Leistungen „wegen vieler blöder Zufälle" nicht abrufen können), „Vergessen" (Hausaufgaben oft vergessen, Arbeitsaufträge nicht fristgemäß erledigen – und die eigene „Versagermentalität" dafür verantwortlich machen)

Abhängigkeit/Dependenz

Mit diesem Schema geht ein fundamentales Gefühl der Hilflosigkeit einher. Prinzipiell neigt der Betreffende (selbst bei Kleinigkeiten) zu etwa folgenden Kognitionen: „Ich kann das nicht" – „Das soll ein Anderer machen!" Mit allerhand Kunstkniffen wird dies in der Regel auch erreicht (siehe Kasten unten).

Steht aber hin und wieder dann doch eine Aufgabe an, die man selbst bewältigen muss, so wird sogleich das soziale Umfeld um Hilfe gebeten.

Es verwundert nicht, dass Freunde und Bekannte von Personen mit diesem Muster häufig eine massive „Helfermentalität" besitzen. Diese Voraussetzung führt meistens zum erwünschten Effekt.

Dieses Schema basiert in der Regel auf charakteristischen frühkindlichen Konditionierungsprozessen, die meistens von „vorauseilend hilfsbereiten" Bezugspersonen inszeniert wurden. Vielleicht intervenierten die Erzieher sogar automatisch, sobald sich das Kind auch nur einen Moment mit sich selbst beschäftigte oder verschiedene neue Dinge ausprobierte. Sogleich „entlastete" man den Heranwachsenden.

Eine andere entsprechende Konstellation, die zur Ausprägung dieses Schemas beitragen kann: Die Bezugspersonen „erstickten" die naturgegebene Neugier, indem sie vorauseilend etwaige „Kinderfehler" berichtigten, und zwar gemäß dem Motto „Lass mich das machen, Du kannst das noch nicht".

Solche (unbewussten) Erziehungsfehler tragen, wie YOUNG et al. (2008) vermuten, maßgeblich dazu bei, dass diese Lebensfalle bei Kindern entsteht. Der Heranwachsende kann unter diesen Voraussetzungen kein Gefühl für die eigenen Fähigkeiten entwickeln.

Ein entsprechend vorauseilend passives Wesen zeigt sich schon in Institutionen der kindlichen und frühkindlichen Bildung und Erziehung (DAMM 2010b).

Trägt man alldem Rechnung, dann wird schnell klar: Personen mit diesem Schema denken und fühlen im Erwachsenenalter wie „kleine hilflose Kinder". Schnell erleben sie Stress, wenn sie selbstverantwortlich agieren müssen; und noch schneller verlieren sie die Geduld, sobald ihnen etwas misslingt.

Viele empfinden auch eine tief verankerte Angst, etwas falsch zu machen – ebenfalls ein „Produkt" der oben beschriebenen fehlgeschlagenen Erziehung.

Wie gehen die Betreffenden mit diesem Schema um?

1. **Erduldung**: Wer sich diesem Muster fügt, der trifft im Alltag ungern selbst Entscheidungen. Die Anderen sollen dies für einen tun. Man wirkt auf die Mitmenschen regelrecht hilflos. Vor allem werden diejenigen Aufgaben, von denen man nicht weiß, ob man sie lösen kann, in manipulativer Weise an die Anderen abgetreten. Man hat es ja nicht anders gelernt.
2. **Vermeidung**: Der Betreffende ordnet sich nunmehr in bestehende Hierarchien ein, ohne sie jemals infrage zu stellen. Dies zeigt sich meistens sowohl in der Partnerschaft als auch im Beruf. Anders gesagt: man begehrt nie gegen „die Obrigkeit" auf. Auf der anderen Seite schiebt man Entscheidungen, die man treffen muss, lange auf.
3. **Kompensation**: Wird dieses Schema kompensiert, offenbart man aus heiterem Himmel eine Art Pseudoautonomie. Das heißt, man bemüht sich extrem darum, das Leben selbst in die Hand zu nehmen („Ich mach mein Ding jetzt selbst!"), bleibt aber gewissermaßen doch in seiner Rolle gefangen. Das Umfeld durchschaut solche „Ausbruchsversuche" gewöhnlich.

Transfer in den Schulalltag

Lehrer mit diesem Schema...	Schüler mit diesem Schema...
... entwerfen Unterrichtsstunden, die die Schüler zu wenig beanspruchen; man will sie ja nicht „überfordern" ... geben wenig von sich Preis	... fühlen sich ganz schnell überlastet ... fordern vehement die Hilfe des Lehrers ein, bei jeder sich bietenden Gelegenheit

Relevante Schemamodi: *Verletzbares Kind, Ärgerliches (bzw. Wütendes) Kind, Manipulierer, Trickser, Lügner, Distanzierter Selbstberuhiger, Innere Bestrafer (nach innen wirkend), Angepasster Unterwerfer*

Beteiligte Tests: Aus Schülersicht: „Ich offenbare mich als hilflos, um den Lehrer in die Helferrolle zu drängen"; aus Lehrersicht: „Ich erscheine harmlos, damit mich die Schüler nicht überfordern"

Images: „Alleine bin ich nicht fähig, etwas zu leisten", „Ich mache schnell alles falsch"

Beteiligte Appelle: „Hilf mir", „Überfordere mich nicht"

Relevante Psychospiele: „Blöd" (sich so lange doof anstellen, bis ein Anderer die Sache in die Hand nimmt), „Hilferuf" (manipulativ die Mitmenschen um Unterstützung bitten)

Verletzbarkeit

Liegt das Schema *Verletzbarkeit* vor, neigt der Betreffende dazu, die Umwelt als viel zu gefährlich wahrzunehmen. Man nimmt darüber hinaus meistens an, dass „bald etwas Schlimmes passiert".

Die Aufmerksamkeit kreist stets um etwaige Gefahrensignale. In dieser Hinsicht liegen Parallelen zur sogenannten generalisierten Angststörung vor, die sich vor allem als „ständiges Sorgen-Machen" offenbart.

Zugegeben: Sicherlich ergeben sich immer mal wieder einige Gefahren im Alltag. Diese werden aber, wie schon erwähnt, von Personen mit diesem Schema stark überbewertet. Dies führt auch zu einer gewissen „Übervorsichtigkeit"; soziale Rückzugstendenzen sind entsprechend auch nicht selten zu beobachten.

Darüber hinaus werden, und das passt zum Schema, vor allem Medieninhalte konsumiert, die Unfälle, Krankheiten, Katastrophen usw. implizieren.

Auf die Mitmenschen wirkt man entsprechend vorsichtig, unselbstständig, ja furchtsam. Vor allem belastet wird das soziale Umfeld durch die typischen Gesprächsinhalte, die den eben erwähnten Medieninhalten 1:1 entsprechen. Der Betreffende kreist ständig um dieselben Themen und lässt sich nicht auf Gegenargumente ein.

Wie sieht es in Hinsicht auf die Ursachen dieser Lebensfalle aus? – Man kann davon ausgehen, dass dieses Muster, wie das vorherige auch, aufgrund von Konditionierungsprozessen entsteht. Aber auch durch das Prinzip „Lernen am Modell" ist meistens relevant (DAMM 2010b).

Nach den Erfahrungen von YOUNG et al. (2008) tragen vor allem überbeschützende, ängstliche, aber auch kontrollierende Eltern zur Ausprägung dieses Schemas bei.

Der Heranwachsende wird ständig mit dem Thema „Die Gefährlichkeit des Lebens" in zahllosen Variationen konfrontiert. Oft verinnerlichen die Betreffenden die Persönlichkeitsfacetten ihrer Vorbilder. Entsprechend kann auch eine sehr furchtsame Bezugsperson dieses Muster begünstigen.

Im Folgenden einige Ausführungen zu den Bewältigungsmechanismen:

1. **Erduldung**: Die meiste Zeit des Tages machen sich die Betreffenden zu viele Sorgen. Sie haben die Erwartung, dass es nicht mehr lange dauert, bis etwas sehr Schlimmes passiert. Daher werden „bestmögliche" Vorkehrungen getroffen. Man wirkt auf die soziale Umwelt gehemmt und verkrampft. Die ausschließliche Beschränkung auf die Gefahren des Alltags, die regelrecht gesucht und gefunden werden, kann dazu beitragen, dass sich der Bekanntenkreis massiv verkleinert.
2. **Vermeidung**: Situationen, die in der Wahrnehmung des Betreffenden als „zu gefährlich" erscheinen, werden mit aller Macht umgangen. Eine „Abwärtsspirale" wird in Gang gesetzt. Zunehmend verkleinert sich der Lebensradius. Meistens benötigt man dann eine „Begleitperson", um den Alltagsaufgaben nachzukommen.
3. **Kompensation**: Nunmehr sichert man sich massiv ab. Dies kann sich zum Beispiel darin zeigen, dass man plötzlich zahlreiche Versicherungen abschließt. Auf der anderen Seite fallen Betreffende auch manchmal ins andere Extrem und offenbaren eine ausgeprägte Risikofreudigkeit (ROEDIGER 2009a, 61).

Transfer in den Schulalltag

Lehrer mit diesem Schema...	Schüler mit diesem Schema...
... wollen Schüler vor den Gefahren des Alltags schützen	... sind zu sehr mit sich selbst beschäftigt
... leiden aufgrund von permanenter Angst unter zu viel Stress	... wirken introvertiert
	... machen einen sehr vorsichtigen, schüchternen Eindruck

Relevante Schemamodi: *Verletzbares Kind, Distanzierter Beschützer, Angepasster Unterwerfer, Zwanghafter Kontrolleur*

Beteiligte Tests: Aus Schülersicht: „Ich wirke übervorsichtig, um auf die Gefahren des Alltags hinzuweisen"; aus Lehrersicht: „Ich erzähle von Unfällen, um das Gespräch auf dieses Thema zu lenken"

Images: „Ich bin ein vorsichtiger Mensch", „Mir wird wahrscheinlich bald etwas Schlimmes passieren"

Beteiligte Appelle: „Sprich mit mir über mein Hauptthema", „Beruhige mich"

Relevantes Psychospiel: „Katastrophe" (von Krankheiten und Unfällen berichten – und dem Anderen die Themen und die entsprechende Wahrnehmung aufzwängen wollen)

Verstrickung/Unentwickeltes Selbst

Diese Lebensfalle entsteht meistens dann, wenn mindestens eine Bezugsperson, vorwiegend in den ersten Lebensjahren (und auch später noch), mit dem Zu-Erziehenden eine Symbiose eingeht und ihn von sich abhängig macht.

Dabei schwingt immer eine klare Rollenverteilung mit: die Erzieherin verinnerlicht den „aktiven Part", das Kind den passiven. Das Verhältnis zwischen beiden ist in der Regel viel zu eng, intim – und bleibt es auch meistens ein Leben lang.

Die Persönlichkeit eines Menschen mit diesem Schema ist meistens in vielerlei Hinsicht unausgereift. Aus biografischen Gründen ist er sich gewöhnlich nicht darüber im Klaren, was seine Kompetenzen, Vorlieben und sonstigen Steckenpferde sind. Dasselbe gilt für Talente und Potenziale.

Das heißt, man kennt sich selbst nicht, weil man früher viel zu sehr mit seiner Bezugsperson emotional verstrickt war; jene ging vorauseilend auf die meisten Aktionen und Regungen ein und „erstickte" so die Entwicklung des kindlichen Selbst.

Wird der Betreffende erwachsen, verbindet ihn immer noch sehr viel mit seiner Bezugsperson von damals. Auch in räumlicher Hinsicht ist man sich gewöhnlich eher nah. Man kommuniziert täglich miteinander, teilt einander die intimsten Gedanken und Wünsche mit. Es gibt keine Abgrenzung.

Ergeben sich einmal Konflikte zwischen den beiden, wird infolge einer Schema-Aktivierung ein sehr strenges Gewissen angeregt, das auf allen psychisch-physischen Ebenen wirkt.

Es verwundert nicht: Aktuelle Beziehungspartner von Betreffenden „verblassen" gnadenlos, sobald sie in Konkurrenz mit der „Non-plus-ultra-Bezugsperson" geraten.

Letztlich noch einige Bemerkungen zu den Bewältigungsmechanismen:

1. **Erduldung**: Der Betreffende verschmilzt geradezu mit seiner wichtigsten Bezugsperson und „spielt" so das Spiel „Symbiose" mit. Er hat die passive, „schwache" Rolle inne. Ohne die Bezugsperson fühlt er sich schnell unwohl und „leer". Wird die Bindung einmal unterbrochen, so wird die Trennung als stressauslösend empfunden. Aktuelle Lebenspartner werden in der Regel mit denselben hohen Anforderungen – „Kontrolle, Nähe und Führung" – konfrontiert beziehungsweise überfordert. Umgekehrt fehlt es an Empathie, aber auch an Einsicht in die eigenen Ambitionen (man findet es „normal", dass der andere sich sehr „bemüht"). Tatsächlich kann es kein Partner auf Dauer mit dem „mütterlichen Ideal" aufnehmen, das sich im Kopf des Betreffenden festgesetzt hat. Daher werden Personen mit diesem Schema immer wieder von Beziehungspartnern „enttäuscht". Kommt es zu Paar-Konflikten, ergreift die „reale Übermutter" automatisch und „blind" Partei für das eigene Kind.
2. **Vermeidung**: Infolge von Vermeidungstendenzen verzichtet man auf Bindungen außerhalb der Ursprungsfamilie. Das Thema „Totale Abhängigkeit" wird auf diese Weise auf einen relativ kleinen Bereich eingegrenzt. Außerhalb des familiären Schonraums vermittelt den Eindruck, man sei unabhängig von anderen Menschen.
3. **Kompensation**: Extreme Abgrenzungstendenzen gegenüber der stärksten Bezugsperson zeigen Betreffende dann, sobald sie diese Lebensfalle kompensieren. Man will sein „eigenes Ding" durchziehen. Das soziale Umfeld nimmt einen nun als sehr extrovertiert und selbstständig wahr.

Transfer in den Schulalltag

Lehrer mit diesem Schema...	Schüler mit diesem Schema...
... erwarten von bestimmten, meistens engagierten Kolleginnen und Kollegen die volle, uneingeschränkte Unterstützung in allen Sachlagen	... haben übertrieben hohe Ansprüche an manche Lehrer
... imponieren nicht gerade mit einer engagierten Unterrichtsvorbereitung	... stellen immer Fragen, wie man was tun soll
	... fühlen sich schnell überfordert
	... haben anscheinend keine eigenen Interessen, Talente und Vorlieben
... können sich so gut wie gar nicht in die Schüler hineinversetzen	... klammern sich an leistungsstarke Schüler, um von ihnen zu profitieren
... sind manchmal übertrieben streng, penetrant und distanzlos	

Relevante Schemamodi: *Ärgerliches (bzw. Wütendes) Kind, Distanzierter Beschützer, Innere Bestrafer (nach innen und außen wirkend)*

Beteiligte Tests: Aus Schülersicht: „Ich stelle viele Fragen, damit der Lehrer mir hilft"; aus Lehrersicht: „Ich bin streng, damit die Schüler spuren"

Images: „Ich bin klein, mein Herz ist rein", „Ich brauche immer Unterweisung"

Beteiligte Appelle: „Hilf mir", „Überfordere mich nicht"

Relevante Psychospiele: „Unselbstständiges Kind in der Schule" (jede Aufgabe als zu schwierig empfinden, damit der Lehrer sie möglichst selbst löst), „Unselbstständiges Kind zu Hause" (jede Aufgabe als zu schwierig darstellen, damit die hauptsächliche Bezugsperson sie löst)

Domäne 3: Beeinträchtigung im Umgang mit Begrenzungen

Die im Folgenden thematisierte Domäne weist folgende Muster auf:

> *Anspruchshaltung/Grandiosität,*
> *Unzureichende Selbstkontrolle/Selbstdisziplin.*

Anspruchshaltung/Grandiosität

Nachstehende Auffälligkeiten offenbaren Personen, die diesem Schema ausgeliefert sind: Egozentrismus, mangelhafte Empathie, ein extrovertiertes Wesen sowie den Hang zum Konkurrieren. Im Klassenverband etwa findet sich meistens mindestens *ein* Schüler, der Facetten dieses Musters aufweist. Der Betreffende hält sich „für etwas Besseres", sprich: er beansprucht die Führungsrolle in der Klasse. Es kann zu Machtkämpfen kommen.

Die betreffenden Teenager führen in der Regel keinerlei Gespräche, die von gegenseitigem Respekt oder Partnerschaftlichkeit geprägt sind. Der Interaktionspartner wird meistens mithilfe spezieller Strategien (siehe Kasten unten) zu „erwünschten" Reaktionen animiert.

Genauer gesagt, der Andere soll die Fähigkeiten, das Aussehen, den Intellekt usw. des Betreffenden wertschätzen, das heißt, ihn bewundern. Ohnehin geht es dem Betreffenden um die Durchsetzung der eigenen Interessen – das steht an oberster Stelle. Die Mitschüler werden demnach nicht als Personen wahrgenommen, sondern als Mittel zum Zweck.

Gepflogenheiten, Regeln und Pflichten gelten für Betreffende nicht, sie nehmen sich aufgrund ihrer „Besonderheit" eben Sonderrechte heraus (was insbesondere „typische" Störungen nach sich zieht).

Hat man es im Unterricht mit Schülerinnen und Schülern zu tun, die diesem Schema ausgeliefert sind (das merkt man recht schnell), kann man sich auf ein paar Besonderheiten einstellen:

- (a) es dauert nicht lange, bis betreffende Teenager einige „beifallswillige" Fans um sich geschart haben,
- (b) sie neigen zum Konkurrieren und zu Mobbing,
- (c) und sie können es auf den Tod nicht ab, wenn ein Klassenkamerad bessere Noten bekommt als sie selbst.

Spätestens in letzterem Fall werden maladaptive Schemamodi ausgelöst (siehe unten). In Hinsicht auf die Ursachen lässt sich feststellen: Meistens sind Schüler mit diesem Schema in ihrer Kindheit verzärtelt beziehungsweise auf den „Familienthron" befördert worden. Sie waren beziehungsweise *sind* nach wie vor der „Star" in der Familie. Mangelhafte Grenzsetzungen seitens der Eltern kann andererseits die Ausprägung dieses Musters begünstigen; ebenso auch starke Status- und Erfolgsorientierung (ROEDIGER 2009a, 56).

Die Bewältigungsmechanismen gestalten sich folgendermaßen:

1. **Erduldung**: Der Betreffende richtet sich sein soziales Umfeld so ein, dass er seine Rolle als „Star" risikofrei spielen kann. In Gesprächen lässt er die Anderen an seiner „Großartigkeit" teilhaben. Selbstdarstellung steht ganz hoch im Kurs. Konkurrenten gegenüber gibt er sich unnachgiebig und streitlustig. Misserfolge werden schnell verdrängt. Wenn das nicht möglich ist, vielleicht gibt es die aktuelle Situation nicht her, „flippt" er schnell aus. Viele Mitmenschen werden herablassend behandelt. Die Selbstreflexion ist sehr schwach ausgeprägt.
2. **Vermeidung**: In diesem Fall umgeht der Betreffende bewusst Situationen, in denen er mit Sicherheit nicht glänzen kann. Meistens geht damit eine Phase des Einzelgängertums einher. Menschen, die in wichtigen Angelegenheiten talentierter, besser, leistungsstärker

sind als der Betreffende, werden bestmöglich gemieden. Kommt es dennoch zu solchen unliebsamen Begegnungen, werden „unangenehme" Gesprächsinhalte gewissermaßen wahrnehmungstechnisch ausgeblendet.

3. **Kompensation**: Nunmehr erscheinen Personen mit diesem Schema sehr gönnerhaft. Sie schenken ihren Mitmenschen kleine Aufmerksamkeiten, um einen anderen Eindruck zu hinterlassen. Das Ganze wirkt auf die Anderen aber fadenscheinig. Denn meistens erwartet der Gönner dafür irgendeine Form von Anerkennung.

Transfer in den Schullalltag

Lehrer mit diesem Schema...	Schüler mit diesem Schema...
... unterrichten viel zu lehrerzentriert und (noch nachteiliger) „beglücken" die Schüler in Überlänge mit ihrer „Lebenserfahrung", ihren Fähigkeiten, Zukunftsplänen usw. ... erwecken bewusst oder unbewusst aufseiten der Schüler Minderwertigkeitsgefühle beziehungsweise die Selbsteinschätzung, „dumm" oder unzulänglich zu sein	... finden oft den Unterricht, die Arbeitsblätter und auch Klassenarbeiten „langweilig", „überflüssig", „nicht angemessen" usw. ... fragen sich oft, warum sie überhaupt „hier" sind ... provozieren den Lehrer gerne mit dem Ziel, Aufmerksamkeit zu erregen ... neigen zu Mobbing ... sind keine Teamplayer ... nutzen andere Schüler aus ... verwickeln den Lehrer in Diskussionen, in denen sie Schwachpunkte der Lehrkraft professionell ausnutzen
Relevante Schemamodi: *Ärgerliches (bzw. Wütendes) Kind, Aggressiver Beschützer, Manipulierer, Trickser, Lügner, Distanzierter Beschützer, Schikanierer- und Angreifer-Modus*	
Beteiligte Tests: Aus Schülersicht: „Ich stelle den Lehrer bloß, damit er merkt, dass ich etwas Besonderes bin"; aus Lehrersicht: „Ich erzähle viel von mir, damit mich die Schüler bewundern"	
Images: „Ich bin großartig", „Du bist eine Niete"	
Beteiligte Appelle: „Bewundere mich", „Erkenne meine Einzigartigkeit an"	
Relevante Psychospiele: „Heldensage" (ausufernde Beiträge formulieren, um mehr „Platz einzunehmen"), „Toller Hecht und arme Sau" (Gespräche führen, in denen man sich selbst emporhebt und den Anderen gleichzeitig runter drückt)	

Unzureichende Selbstkontrolle/Selbstdisziplin

Auch dieses Muster ist im Schulalltag ziemlich populär, in diesem Fall aber meistens nur auf Schülerseite (im Gegensatz zu vorherigem Muster). Meistens liegt dieses Schema bei Heranwachsenden vor, die permanent wenig Willen zeigen, die Aufgaben des Schulalltags zu meistern. Die Leistungsbereitschaft ist entsprechend sehr schwach ausgeprägt.

Die Betreffenden haben in der Regel eine sehr geringe Frustrationstoleranz und können negative Emotionen wenig bis gar nicht regulieren. Der Unmut kommt quasi „ungebremst" während der Unterrichtsstunde zum Vorschein.

Schüler, die in dieser Lebensfalle festsitzen, haben eigentlich so gut wie immer „keinen Bock" und wissen gar nicht recht, warum eigentlich. Das „Kein Bock"-Syndrom bezieht sich üblicherweise auf die meisten Tage im Schuljahr und so gut wie auf jedes Schulfach.

Sie kommen regelmäßig zu spät – insofern sie überhaupt sich „herablassen", anwesend zu sein – , und man hat als Lehrkraft manchmal den Eindruck, man müsse sich dafür entschuldigen, dass diese Heranwachsenden die Schulpflicht über sich ergehen lassen müssen.

Mitarbeit im Unterricht findet in der Regel nicht statt. Für Klassenarbeiten bereitet man sich mehr schlecht als recht vor – und macht dann die Lehrkraft für die daraus resultierenden schlechten Zensuren verantwortlich. Findet einmal eine Gruppenarbeit statt, wird die Gelegenheit genutzt – und man hält sich zurück und „chillt".

Eine *permanente* Null-Bock-Einstellung ist selbstverständlich das Resultat der bisherigen Biografie. Im Prinzip sind die Betreffenden gar nicht für sie verantwortlich. In der Regel wurden Person mit diesem Schema vom sozialen Umfeld wenig bis gar nicht gefordert.

Wahrscheinlich fand insgesamt wenig Reizstimulation statt. Entsprechend bauten die Jugendlichen auch keine Frustrationstoleranz auf, geschweige denn ein „gesundes" Maß an Emotionsregulation. Eventuell waren die Eltern sogar in dieser Hinsicht die „passenden Vorbilder".

Aber auch gegenteilige Verhältnisse sind denkbar: Der Heranwachsende wurde mit zu hohen Anforderungen überhäuft und dadurch in eine Art starre Abwehrhaltung gezwungen, die sich verselbstständigt hat und nunmehr leicht vor allem durch autoritär auftretende Lehrkräfte aktiviert wird. Liegen solche Voraussetzungen vor, so erreicht man durch strenges Auftreten rein gar nichts.

Nun zu den Bewältigungsmechanismen:

1. **Erduldung**: Anfallende Lebensaufgaben werden mit wenig Motivation und grob fahrlässig angegangen und – wenn möglich – nicht abgeschlossen. Schnell wirft man die Flinte ins Korn, wenn etwas Unvorhergesehenes passiert oder „die Sache" etwas länger dauert. Mit den gerade geltenden Regeln nimmt man es nicht so genau. Der Betreffende geht im Allgemeinen stets den Weg des geringsten Widerstandes. Ersatzbefriedigungen suchen und finden Betreffende manchmal in den leicht zugänglichen legalen Drogen.
2. **Vermeidung**: Infolge dieses Mechanismus werden meistens jegliche Konflikte gemieden, die aufgrund der offensichtlichen Verweigerungshaltung entstehen könnten. Man gibt, wenn der Frust zunimmt, die schulische oder eine andere Ausbildung auf. Ein Anzeichen des nahenden Endes kann dann vorliegen, wenn der Betreffende zunehmend auch Situationen ausweicht, in denen er etwas leisten muss. Eines Tages ist das „Maß" voll: Man macht „den ganzen Scheiß" nicht mehr mit. Der Betreffende hegt dann oft Fantasien, aus dem Gefüge einer Leistungsgesellschaft völlig auszusteigen. Oder aber man schraubt die eigenen Ansprüche an den Lebensstandard auf null („Hartz IV reicht doch!").
3. **Kompensation**: Wird dieser Bewältigungsmechanismus aktiviert, zeigen Personen mit diesem Schema plötzlich enormen Arbeitseifer. Mit „der Brechstange" geht man nun einige Projekte an, die man mit *Verve* abschließen will. Plötzlich ist man auch dazu imstande, negative Emotionen kurzfristig auszublenden beziehungsweise zu kontrollieren.

Transfer in den Schullalltag

Lehrer mit diesem Schema…	Schüler mit diesem Schema…
… präsentieren 30 Berufsjahre lang dieselben Arbeitsblätter	… kommen regelmäßig zu spät
… haben jedes Jahr viele Krankheitstage	… sind unbeeindruckt von Versuchen, sie „auf den rechten Weg" zu bringen
… kommen ihren Verpflichtungen gegenüber dem Dienstherrn „gerade so" nach	… machen oft „blau"

Relevante Schemamodi: *Manipulierer, Trickser, Lügner, Ärgerliches (bzw. Wütendes Kind), Impulsiv-undiszipliniertes Kind, Distanzierter Beschützer*

Beteiligte Tests: Aus Schülersicht: „Ich halte mich im Unterricht zurück, damit der Lehrer nicht auf die Idee kommt, Ansprüche an mich zu stellen"; aus Lehrersicht: „Ich wirke anspruchslos, damit die Schüler keine Bedürfnisse anmelden"

Images: „Ich will doch nur meine Ruhe haben", „Wenn Du Druck auf mich ausüben willst, entziehe ich mich Deinem Machtbereich"

Beteiligte Appelle: „Bitte stelle keine Anforderungen an mich", „Lass mich in Ruhe"

> **Relevante Psychospiele:** „Ja – nee" (Aufgaben übernehmen und dann alle im Stich lassen), „Harmlos" (im Unterricht nett sein, damit die Anderen einen in Ruhe lassen)

Domäne 4: Übertriebene Außenwirkung/Fremdbezogenheit

Folgende Schemata komplettieren die 4. Domäne:

- *Unterwerfung/Unterordnung,*
- *Aufopferung,*
- *Streben nach Zustimmung und Anerkennung.*

Unterwerfung/Unterordnung

Viele Personen, die im Alltag ihre eigenen Bedürfnisse zwanghaft zurückhalten und stets vorauseilend (überzogen) entgegenkommend sind, stehen unter dem Einfluss des Schemas *Unterwerfung/Unterordnung*.

Die Betreffenden erscheinen übertrieben freundlich und offenbaren gewissermaßen eine „Herdentiermentalität". Das heißt, sie gliedern sich kritiklos in die vorhandenen Hierarchien ein und lassen sich „einfach so" führen. Etwas Anderes kommt gar nicht infrage. Und: dieses Thema hat Tradition.

Gegenüber Respektspersonen – Lehrer gehören aus Sicht vieler Schüler zu dieser Klientel – zeigen Individuen mit diesem Muster ein unterwürfiges Verhalten.

Anhand der Körpersprache wird die Motivation zur Unterordnung unbewusst vermittelt (Kopf senken, oft lächeln, (zu) häufig nicken). Ebenso neigt man auch viel zu oft dazu, dem Anderen zuzustimmen („Ja, ja, ja"). Widerspruch ist geradezu undenkbar.

In Gesprächen mit Respektspersonen zeigen Personen mit diesem Schema eine typische Wahrnehmung. – Sie konzentrieren sich ausschließlich auf den Interaktionspartner. Ständig geht es um die Fragen: Wie empfindet er? Findet er mich okay? Was denkt er jetzt über mich? Und danach: Wie empfand er? Fand er mich wirklich okay? Was dachte er wirklich über mich? usw.

Hinter diesen Angelegenheiten schwelt der Wunsch, dass der Andere bloß keine negativen Gedanken über den Betreffenden ausbrüten möge. Dadurch könnte ja, so die Auffassung, enormer Schaden entstehen. Das heißt, die Respektsperson könnte dem Betreffenden übel mitspielen, ihn verletzen, sich an ihm rächen o.Ä.

Viel zu häufig geht den Betreffenden durch den Kopf, wie diese oder jene Alltagsbegegnung „gelaufen" ist („Hatte der Chef schlechte Laune? Wenn ja: vielleicht wegen mir!?"). Auch in der

Nacht denkt man ausführlich über solche Angelegenheiten nach, und man kommt entsprechend nicht zur Ruhe.

Wird dieses Schema zu ausführlich „ausgelebt", kommt es in der Regel zu passiv-aggressivem Verhalten (andere verdeckt schädigen, Anforderungen von Mitmenschen schlampig erfüllen), psychosomatischen Beschwerden beziehungsweise zu unkontrollierten emotionalen Wutausbrüchen. Letzteres trifft dann meistens die „Lieben" im engsten sozialen Kreis, die das Ganze nun gar nicht kapieren.

Gerade an diesem Schema sieht man, wie fatal sich frühkindliche Konstellationen in der Ursprungsfamilie auswirken können. Denn – und das liegt nahe – man kann annehmen, dass Personen mit diesem Schema „gelernt" haben, dass es in psychischer und physischer Sicht besser für sie ist, sich an die Meinungen, Bedürfnisse und Stimmungen der „Respektspersonen" anzupassen. Da bekanntlich die ersten Respektspersonen in diesem Sinne erfahrungsgemäß die eigenen Eltern sind, kann man sich leicht ausmalen, welche Elternbilder in der frühen Kindheit präsent waren und infolgedessen verinnerlicht wurden.

Nun ein Blick auf die Bewältigungsmechanismen:

1. **Erduldung**: Vorauseilend stellt man sich „hochprofessionell" auf die Belange aller Respektspersonen in Reichweite ein. Dies ist mit einem Übermaß an „hausgemachtem" Stress verbunden, weil zu viel psychische Energie in die übermäßige Emotions- und Handlungsregulation investiert wird. Der hier erwähnte Bewältigungsmechanismus kann Auswirkungen auf die Partner- und Berufswahl haben (dominante Partner beziehungsweise straff organisierte hierarchische Beschäftigungen werden dann präferiert). Die eigenen Anliegen und Bedürfnisse werden vorauseilend unter den Teppich gekehrt.
2. **Vermeidung**: Wer das Schema vermeidet, der versucht alles, um relevante Situationen, in denen man mit Respektspersonen zu tun hat, auszuklammern. Hierzu gibt es verschiedene Möglichkeiten, etwa die beruflichen Anforderungen „übergenau" erfüllen, vorauseilend „überhöflich" sein usw. Das heißt, man bemüht sich extrem um Anpassung und Gleichklang in Bezug auf das soziale und berufliche Umfeld. Nur nicht anecken – so lautet die Devise. Dies führt in der Regel irgendwann zu großer Unzufriedenheit. Die Ursachen hierfür erkennt der Betreffende jedoch nicht.
3. **Kompensation**: Jetzt verfällt man ins andere Extrem. Der Betreffende offenbar regelrecht ein rebellisches Wesen. Er erscheint gegenüber den Arbeitskollegen beziehungsweise Mitschülern aggressiv, extrovertiert und aufgestachelt. Die Art der Kompensation hängt aber stark mit der Persönlichkeit des Betreffenden zusammen. Der bis hierhin beschriebene Stil ist vor allem bei extrovertierten Charakteren auffällig. Eher introvertierte Charaktere präferieren die oben schon erwähnten passiv-aggressiven Verhaltensweisen.

Transfer in den Schullalltag

Lehrer mit diesem Schema...	Schüler mit diesem Schema...
... „knicken" bei physisch-imposanten Schülern ganz schnell ein, lassen sich also einschüchtern	... sind in der Klasse „Mitläufer"
... sind streng und blind autoritätsgläubig	... kritisieren nie den Lehrer, weder dessen Methoden, noch dessen Auftreten
... haben wenig „Rückrad"	... befolgen immer die Aufforderungen des Lehrers

Relevante Schemamodi: *Distanzierter Beschützer, Angepasster Unterwerfer, Manipulierer, Trickser, Lügner*

Beteiligte Tests: Aus Schülersicht: „Ich gehe total auf Dich ein, damit Du mir nicht schadest"; aus Lehrersicht: „Ich biedere mich an, damit ihr mich nicht benachteiligt"

Images: „Ich komme in Frieden", „Ich bin zu 100 Prozent loyal"

Beteiligte Appelle: „Denke gut über mich", „Bestrafe mich nicht"

Relevante Psychospiele: „Ja, ja, ja" (allem zustimmen, was der Gesprächspartner sagt, mit dem Ziel, nicht negativ aufzufallen), „Diener" (vorauseilend unterwürfiges Verhalten zeigen, damit der Andere „gezwungenermaßen" den dominanten Part einnehmen kann)

Aufopferung

Eine stark ausgeprägte Aufmerksamkeit bringen Personen mit diesem Schema ihren Mitmenschen auch entgegen – aber in diesem Fall dreht es sich vor allem darum, deren Bedürfnisse ausreichend zu befriedigen, und zwar *aktiv*. Das Wohl und Wehe des Anderen steht im Vordergrund.

Die Betreffenden sind davon überzeugt, dass sie „aus freiem Willen" den Bedürfnissen ihrer Mitmenschen nachkommen. Doch dem ist nicht so. Biografische Erfahrungen sind für die Ausprägung dieser Lebensfalle verantwortlich.

Oft wurde das Thema „Für die Anderen da sein" von mindestens einem Elternteil vorgelebt. Oder aber der Betreffende musste schon (zu) früh Verantwortung in Hinsicht auf die Existenzsicherung der Familie übernehmen, etwa aufgrund von bestimmten Belastungen ein Geschwister „mit erziehen".

Menschen mit diesem Schema können sich unglaublich gut in andere einfühlen. Ein echtes Plus im „Alltagswahnsinn". Braucht jemand im Umfeld Hilfe – er wird nicht lange warten müssen. Der „Helfer" schreitet sogleich ein, um „Gutes" zu tun.

Doch es gibt natürlich auch eine Kehrseite der Medaille: Man kann sich oft nicht ausreichend abgrenzen, leidet entsprechend „zu viel" mit den Anderen mit, teilt gewissermaßen ihr Leid. Probleme werden, wie man so schön sagt, mit nach „Hause genommen" und unter Umständen zu oft mit dem eigenen Partner „durchgekaut".

Mit diesem Schema einer geht gewöhnlich die Unfähigkeit, selbst einmal Hilfe in Anspruch zu nehmen. Stets will man den „starken Part" übernehmen. Bekommt man einmal unverhofft eine Form von Dank entgegengebracht, so muss man es dem Anderen gleich doppelt „heimzahlen", das heißt, ihn in irgendeiner Weise „übertrumpfen".

In Alltagsgesprächen fallen Personen mit diesem Schema vor allem positiv durch ihre ausgeprägte Zuhörer-Mentalität auf. Sie erfüllen quasi von Natur her die Beratervariablen Empathie, Kongruenz, Akzeptanz, die von einem Begründer der sogenannten Humanistischen Psychologie, CARL ROGERS, ausführlich beschrieben wurden.

Auch im Unterricht treffen Lehrer auf Schüler, die dieses Schema offenbaren (meistens in sozialpädagogisch ausgerichteten Bildungsgängen). Sie stechen besonders durch eine extrem ausgeprägte Hilfsbereitschaft aus dem Klassenverband hervor. Verantwortung für Schulalltags-Aufgaben übernehmen sie vorauseilend.

Sie setzen sich auch für die Belange ihrer Mitschüler ein – und manchmal übertreiben sie es. Und dann gibt es Konflikte. Denn viele Klassenkameraden wollen nicht behandelt werden wie „kleine Kinder".

Kommt es infolge dieses Schemas zu solchen typischen Unstimmigkeiten, erleben Schüler mit diesem Muster schwer wiegende emotionale Krisen, die sie nicht verstehen („Ich habe es doch nur gut gemeint!").

Wie sieht es in Hinsicht auf die Bewältigungsmechanismen aus?

1. **Erduldung**: Das Engagement, das man gegenüber den Mitmenschen aufbringt, ist enorm. Daraus schöpft man seinen Selbstwert. Im Prinzip geht es den Betreffenden sogar schnell schlecht, wenn sie sich *nicht* für andere einsetzen können. Entsprechend kümmert man sich ausgiebig um „Hilfsbedürftige" und übernimmt dabei die Rolle des „Steuermanns". Dank annehmen, die „Fünfe mal gerade lassen", mal eine Auszeit nehmen; oder etwa selbst einmal Hilfe in Anspruch nehmen – das alles sind Dinge der Unmöglichkeit. Die eigenen Bedürfnisse spielen keine Rolle im Alltag (aus Sicht des Betreffenden). Wer diesen Bewältigungsmodus permanent erlebt, wählt zumeist einen sozialen Beruf, sucht sich einen Partner, der irgendwie „hilfsbedürftig" ist. Dies sind keine Zufälle.
2. **Vermeidung**: Jetzt schwört der Betreffende dem Thema ab und meidet entsprechend Beziehungen, die „eingleisig" verlaufen könnten. „Hilfsbedürftige" werden gemieden.

Man igelt sich eventuell zu Hause ein, bleibt Single und schwört sich: „Nie wieder!"
3. **Kompensation**: Eine Rückbesinnung auf die *eigenen* Anliegen findet infolge dieses Musters statt. Nun lautet die Devise: *Egoismus* statt Altruismus. Die eigenen Bedürfnisse und deren Befriedigung stehen jetzt im Vordergrund. Dieser Bewältigungsmechanismus provoziert aufseiten des sozialen Umfelds, das gegenteilige Tendenzen gewohnt ist, völliges Unverständnis. Konflikte entstehen (die der Betreffende zu seinen Gunsten entscheidet).

Transfer in den Schulalltag

Lehrer mit diesem Schema…	Schüler mit diesem Schema…
… lassen die Lebens- beziehungsweise Leidensgeschichten der Schüler viel zu nahe an sich heran (und nehmen sie mit nach Hause) … haben Probleme damit, Noten unter „ausreichend" zu verteilen … unterhalten auch außerhalb des Unterrichts zu einigen Schülern regen Kontakt	… kümmern sich sehr um die Belange des Klassenverbands … neigen dazu, die Klasse als „ihre" Klassen anzusehen (was irgendwann Konflikte mit der Gruppe nach sich zieht) … unterstützen den Lehrer bereitwillig und vorauseilend bei Klassenfahrten, Projekten, Ausflügen usw. … leiden manchmal unter psychosomatischen Krankheiten
Relevante Schemamodi: *Verletzbares Kind, Distanzierter Beschützer, Distanzierter Selbstberuhiger, Manipulierer, Trickser, Lügner, Zwanghafter Kontrolleur, Innere Antreiber (nach innen und außen wirkend)*	
Beteiligte Tests: Aus Schülersicht: „Ich offenbare eine Helfer-Mentalität, damit der Lehrer und die Klasse mein Engagement anerkennen"; aus Lehrersicht: „Ich vermittle eine Helfer-Mentalität, damit ich meinen Schülern Gutes tun kann"	
Images: „Ich bin für Dich da", „Ich habe viele Kompetenzen"	
Beteiligte Appelle: „Erzähle mir Deine Probleme", „Sei nicht selbstständig"	
Relevante Psychospiele: „Ich bin die Mama" (sich ständig nach Problemen erkundigen und sofort „aktiv" werden, sobald man welche in Erfahrung bekommt!), „Ich bin unkaputtbar" (auf die Mitmenschen einen selbstsicheren Eindruck machen und gleichzeitig von Krisen erzählen, die man erfolgreich durchgestanden hat)	

Streben nach Zustimmung und Anerkennung

Eine möglichst positive Außenwirkung wird angestrebt von Personen, die unter dem Einfluss des Schemas *Streben nach Zustimmung und Anerkennung* stehen. Man denkt, fühlt und handelt extrem außenorientiert. Weil der seelische Schwerpunkt entsprechend „nach außen" verlagert ist, wird, im jeweiligen Kontext, vorauseilend sozial erwünschtes Verhalten gezeigt.

Das Ganze hat ein Ziel: Einen hohen sozialen Status erlangen beziehungsweise „ausstrahlen". In den Augen der Anderen will man als „tadellos" dastehen. Der Nachteil dabei: Man vernachlässigt seine eigenen Bedürfnisse, Meinungen und sonstigen Anliegen. Man ist nicht „bei sich". Oft schießen Betreffende weit über das Ziel hinaus, sie wirken dann regelrecht penetrant.

Vielleicht erwähnt man viel zu oft, was am Tag alles geleistet wurde. Das Thema „Fishing for Compliments" wird dann regelrecht ausgereizt, was sich dann kontraproduktiv auswirkt (Stichwort: peinlich). Man orientiert sich am gerade aktuellen „Lifestyle", trägt die entsprechenden Klamotten, und man spricht ausschließlich über das, was gerade „in" ist.

Weitere relevante Lebensinhalte sind: Geld, Status, vollbrachte Leistungen, Erfolg (YOUNG et al. 2008, 316). Man agiert wie ein Chamäleon, hängt stets „sein Fähnchen in den Wind". Den Anderen gegenüber offenbart man ein gewisses „Gönnertum". Gleichzeitig verfällt man dann und wann in eine unterwürfige Rolle (siehe oben), um zum Ziel zu kommen (positive Aufmerksamkeit/Bewunderung).

Meistens haben Personen mit diesem Schema von ihren Bezugspersonen „gelernt", dass es wichtig ist, in den Augen der „Anderen", „Nachbarn", „Freunde" usw. gut dazustehen. Die Betreffenden erlebten also Vorbilder, die wahrscheinlich selbst einmal dieses Schema offenbarten.

Einige Worte zu den Bewältigungsmechanismen:

1. **Erduldung**: Der seelische Schwerpunkt liegt außerhalb des Betreffenden. Der „Schein ist mehr als das Sein". Statussymbole sind das A und O im Leben. Man ist leistungsbereit und -kompetent, passt aber seine Arbeitsbereiche den Interessen des sozialen Umfelds an. Ohne das anschließende Lob der Allgemeinheit ist die eigene Leistung nichts wert. Manchmal wird penetrant die Anerkennung der Anderen geradezu erzwungen („Schaut mal alle her, was ich vorhin kreiert habe!"). Das Innenleben, die eigenen Bedürfnisse und Anliegen bleiben infolge dieses Schemabewältigungsmechanismus auf der Strecke.
2. **Vermeidung**: Einen „Gang zurück schaltet" der Betreffende infolge dieses Bewältigungsmechanismus. Nun steht die Anpassung ganz im Vordergrund des Interesses. Man hält sich also zurück und will auf keinen Fall negativ auffallen. Daher werden auch diejenigen Personen im sozialen Umfeld gemieden, die dafür bekannt sind, das „Herz auf der Zunge" zu tragen.
3. **Kompensation**: Im Falle der Kompensation ergeben sich zwei „Richtungen". Entweder

(a) der Betreffende übertreibt es völlig hinsichtlich des Themas „Fishing for Compliments"; oder aber (b) er stößt das soziale Umfeld durch Non-Konformismus vor den Kopf, macht „sein eigenes Ding" und löst sich von seinen selbst auferlegten gesellschaftlichen Zwängen.

Transfer in den Schullalltag

Lehrer mit diesem Schema…	Schüler mit diesem Schema…
… erzählen ihren Schülern viel zu oft aus dem eigenen Leben (und wollen dafür Anerkennung) … unterrichten zu lehrerzentriert	… engagieren sich für die Interessen der Klasse (und wollen dabei nicht auf den Beifall verzichten) … sind sehr modebewusst … kennen den gerade aktuellen Lifestyle bestens
Relevante Schemamodi: *Distanzierter Beschützer, Manipulierer, Trickser, Lügner, Innere Antreiber (nach innen wirkend)*	
Beteiligte Tests: Aus Schülersicht: „Ich bin *in* und demonstriere das ausführlich – dafür möchte ich Bewunderung"; aus Lehrersicht: „Ich erzähle von eigenen Lebensleistungen und möchte dafür Bestätigung"	
Images: „Ich hab es drauf", „Ich möchte Anerkennung"	
Beteiligte Appelle: „Ich möchte Lob von Dir", „Übertrumpfe mich nicht"	
Relevante Psychospiele: „Modenschau" (die neuesten Klamotten tragen und dafür Applaus bekommen wollen), „One for you, two for me" (etwas für die Anderen leisten und dafür *extrem* viel Anerkennung einheimsen wollen)	

Domäne 5: Übertriebene Wachsamkeit und Gehemmtheit

Diese Domäne beinhaltet folgende Schemata:

> *Emotionale Gehemmtheit,*
> *Überhöhte Standards,*
> *Negatives hervorheben,*
> *Bestrafungsneigung.*

Emotionale Gehemmtheit
Von ihrem Bedürfnis-/Motivsystem im hohen Grad entfremdet sind Personen mit dem Schema *Emotionale Gehemmtheit.* Ihr Lebensstil ist im Allgemeinen sehr „vernunftorientiert" und geradlinig. Ihre Existenz verläuft stets in geregelten Bahnen. Spontaneität und Impulsivität sind entsprechend Fremdwörter im Sprachschatz eines solchen Menschen.

Positive Impulse (Lachen, extatisch herumschreien, in den Himmel „hochjauchzen" usw.) werden genauso unterdrückt wie negative (Aggression, Frust, Miesepetrigkeit). Nach außen hin wirkt man eigentlich immer gleich, nämlich „gefühlskontrolliert".

Hinter diesem Auftreten steht eine archaische Angst, für die Äußerung der wahren Bedürfnisse, Emotionen und Impulse bestraft zu werden. Diese Furcht hat biografische Gründe (siehe unten).

Personen mit diesem Muster denken und äußern sich sehr präzise, stets auf der Sachebene; und sie durchdenken jede alltägliche Aufgabe mit demselben hohen Aufwand. Dies ist zwar sehr zeitintensiv, trägt aber gleichzeitig dazu bei, dass man als sehr gewissenhaft und „ordentlich" wahrgenommen wird – was insgeheim auch beabsichtigt ist.

Es verwundert nicht: Daher sind Personen mit diesem Muster meistens in straff hierarchisch gegliederten (Beamten-)Berufen zu finden, in denen es etwas zu „ordnen", „kontrollieren", zu „bestimmen" gibt.

Die Hemmung des Selbst wird nämlich in der Regel auch nach außen gekehrt, und dann sind die Mitmenschen die Ziele, die es zu „ordnen", „kontrollieren" und zu „bestimmen" gilt.

Zu den Ursachen dieses Schemas ist anzumerken: Meistens entstand es infolge einer autoritären Erziehung, und zwar schon in der frühen Kindheit. Dem Betreffenden war es entsprechend nicht gestattet, seine Emotionen, Stimmungen und Launen zu *zeigen*.

Er musste lediglich „zeitnah" funktionieren, „brav" sein, das heißt, den zahlreichen elterlichen Anordnungen Folge leisten. War dies einmal nicht der Fall, gab es Konsequenzen, sprich Bestrafungen in vielerlei Variationen.

Dieses Erziehungsmuster wurde dann verinnerlicht, quasi neuronal „eingebrannt". Nunmehr steht der Betreffende zeitlebens unter dem Einfluss dieses Schemas, das lediglich eine kindliche Wahrnehmung repräsentiert.

So gesehen sind Personen mit diesem Schema „brave Kinder", die Angst vor Bestrafung haben, sobald sie mal „aus der Reihe tanzen", und sich selbst und andere mit Nachdruck und einer ordentlichen Portion Intellekt kontrollieren (müssen).

Fazit: Die Ratio wird überbetont, die Emotionen werden als unnötig eingeschätzt, verdrängt und auch an den Anderen geringgeschätzt. Und jene wiederum wissen gar nicht, wo „das Problem" liegt. So manche „vernünftige Diskussion" stellt aus psychodynamischer Sicht daher eine verdeckte Aggressionsabfuhr dar, etwa wenn der Betreffende seinen Gesprächspartner über längere Zeit (mit einer sadistischen Note) gebetsmühlenartig an seine Pflichten erinnert.

In diesem Fall ist dann der Schemamodus *Innere Bestrafer (nach außen wirkend)* aktiviert. Der Betreffende „wird" dann zu derjenigen Bezugsperson, die maßgeblich an der Ausprägung dieses Schema beteiligt war.

Wie sieht es in Sachen Bewältigungsmechanismen aus?

1. **Erduldung**: Der Betreffende realisiert die Lebensmaxime „Ordnung, Struktur und Ratio sind das Nonplusultra". Emotionale Äußerungen finden nicht statt, man wirkt auf seine Umwelt „kalt", ja geradezu emotionslos. Im Beruf ist man sehr diszipliniert und erfüllt „gewissenhaft" seine Pflicht. Spontaneität und Humor haben im Leben keinen Platz. Man duldet sie auch nicht bei den Gesprächspartnern, sei es im beruflichen oder privaten Bereich.
2. **Vermeidung**: Um die Schema-Auslösung zu vermeiden, bieten sich verschiedene Möglichkeiten an. Der Betreffende umgeht gewöhnlich Situationen, die von Natur her einen emotionalen Ausdruck beziehungsweise Spontaneität erfordern. Man richtet sein Leben entsprechend „emotional ungefährlich" ein. Das Prinzip wird auch bei der Auswahl des Freundeskreises angewendet. Denn: „Gleich und gleich gesellt sich gern."
3. **Kompensation**: Die Praxis des dritten Bewältigungsmechanismus bewirkt, dass der Betreffende plötzlich „auftaut". Etwas übertrieben wird der Emotionalität gehuldigt. Impulsivität und Spontaneität werden zwar zelebriert, aber manchmal wirkt man dabei immer noch ein wenig verkrampft. Häufig kommt es infolge des „Ausbruchs" auch zu Alkoholmissbrauch.

Transfer in den Schulalltag

Lehrer mit diesem Schema...	Schüler mit diesem Schema...
... wirken wie „blutleer" ... sind viel zu streng ... verplempern zu viel Zeit mit Ermahnungen und dem Verbalisieren schlechter Zukunftsprognosen ... korrigieren immer auch die Rechtschreibung in Klassenarbeiten akribisch mit ... arbeiten viele Jahre mit demselben Unterrichtsmaterial ... wirken altmodisch	... sind einen lehrerzentrierten Unterricht gewohnt und sind im Falle einer schülerzentrierten Stunde rasch überfordert („Was sind Sie denn für ein Lehrer!?") ... brauchen eine „enge" Führung und klar formulierte Arbeitsaufträge ... fühlen sich bei autoritären Lehrern wohl

Relevante Schemamodi: *Distanzierter Beschützer, Aggressiver Beschützer, Angreifer- und Schikanierer-Modus, Selbsterhöher, Innere Antreiber (nach innen und außen wirkend), Innere Bestrafer (nach innen und außen wirkend)*

Beteiligte Tests: Aus Schülersicht: „Ich drücke mich intellektuell aus, damit ich sehe, ob der Lehrer ebenso rational eingestellt ist"; aus Lehrersicht: „Ich formuliere Gebote und Verbote, um die Schüler zu kontrollieren"

Images: „Ich bin ticke ausschließlich rational, mit emotionalem Auftreten ist bei mir nichts zu holen", „Du bist nicht okay"

Beteiligte Appelle: „Funktioniere so, wie ich es will", „Bewundere mich dafür, dass ich so rational bin und mich stets zusammenreißen kann"

Relevante Psychospiele: „Anklageschrift verlesen" (den Gesprächspartner in Überlänge und unnachgiebig, leicht sadistisch zurechtweisen und seine Fehler herausstellen), „Früher war alles besser" (über die „gute alte Zeit" philosophieren und den aktuellen Gesprächspartner im Hier und Jetzt damit als minderwertig darstellen)

Überhöhte Standards

Extrem perfektionistisch in allen Lebenslagen erscheinen… – so agieren Personen mit dem Schema *Überhöhte Standards*. Alle Alltagsangelegenheiten werden mit demselben überdurchschnittlichen Engagement bewältigt. Es gilt das Motto „Wenn etwas gemacht wird, wird es *richtig* gemacht" beziehungsweise „Es gibt immer was zu tun".

Entsprechend dauerhaft gestresst wirken die Betreffenden, sowohl unter der Woche als auch am Wochenende. Die Liste an „unerledigten, aber sehr wichtigen Angelegenheiten" ist endlos und wird in „Ruhephasen" abgearbeitet. Man lebt daher nie im Hier und Jetzt, sondern die Aufmerksamkeit kreist stets um die Zukunft.

Der Maßstab, mit dem die eigenen Leistungen, aber auch die der Mitmenschen bewertet werden, ist viel zu hoch. Und der Betreffende meint dennoch: „Das ist doch normal!" Das ganze Leben dreht sich also darum, etwas zu *tun*, perfektionistisch zu sein und Zeit zu sparen.

Da diese Verhaltensweisen eine lange Tradition haben, offenbart sich vor allem in der Freizeit und insbesondere im Urlaub ein sehr negatives Phänomen: Ruhephasen avancieren ganz schnell zu Stressphasen. Man weiß nichts mit sich anzufangen, weshalb man etwa plötzlich – um beim Beispiel Urlaub zu bleiben – anfängt, den fremden Pool zu schrubben, den Garten zu pflegen, die Küche im Fremdenzimmer zu putzen o.Ä.

Meiner Erfahrung nach gibt es überdurchschnittlich viele Personen im sozialen Beruf, die dieses Schema ausgeprägt haben, besonders im Praxisfeld Schule. Die Betreffenden sind übertrieben engagiert, kennen kein „Ende" und überarbeiten sich (selbstmotiviert). Sie meinen dann, sie hätten Stress, der quasi „von außen" an sie herangetragen werden würde. Doch tatsächlich ist dieser Stress „hausgemacht". Das wird aber nicht gesehen. Die Gefahr des Burn-out ist im Falle dieses Schemas sehr präsent.

Einige Worte zu den Ursachen: In der Regel erlebten Personen mit diesem Schema in ihrer Kindheit Bezugspersonen, die demselben Muster verhaftet waren. Der Heranwachsende wurde entsprechend mit hohen Erwartungen konfrontiert.

Erfüllte er sie, etwa in der Schule, wurde *seine Leistung* anerkannt (nicht er als Person). Das Familienleben war meistens fokussiert auf die Themen „Arbeiten", „etwas leisten", „Perfektionismus".

Diese Konstellationen führen meistens dazu, dass die Heranwachsenden eine extreme Außenorientierung entwickeln, die die Entfaltung des eigenen Selbst behindert beziehungsweise erstickt.

So kommt es, dass Betreffende mit diesem Schema völlig überfordert sind, wenn sie einmal eine „Auszeit" nehmen.

Nun zu den Bewältigungsmechanismen:

1. **Erduldung**: Stets wird der maximale Erfolg im Alltag angestrebt, sei es in Hinsicht auf berufliche (Karriere), aber auch private Angelegenheiten (Geburtstagsfeier planen, etwas kreieren o.Ä.). Man ist übertrieben ehrgeizig und perfektionistisch. Sobald sich herausstellt, dass ein x-beliebiges Projekt nicht zu 100 Prozent geklappt hat, bahnt sich eine emotionale Krise an. Infolgedessen konzentriert sich der Betreffende auf seinen „großen Fehler" und ist dabei am Boden zerstört. Die Leistungen, die bisher erbracht wurden, zählen auf einmal nicht mehr. Man beurteilt sich selbst und die Mitmenschen anhand eines überdurchschnittlich hohen Standards, der im Prinzip gar nicht dauerhaft erreicht werden kann.
2. **Vermeidung**: Wird dieses Schema vermieden, so schleicht sich langsam, aber sicher der Schlendrian ein. Laufende Projekte werden nur noch „mit halber Kraft" bearbeitet beziehungsweise so lange aufgeschoben, bis man sie erledigen *muss*. Man fährt seinen Standard runter. Anspruchsvolle Aufgaben werden umgangen.
3. **Kompensation**: Nunmehr verabschiedet sich der Betreffende völlig von seinen hohen Maßstäben, die er bis dato sich selbst und den Anderen auferlegt hat. Eine Art Verweigerungshaltung entsteht. Eventuell steigt man auch völlig aus seinem Thema aus und begnügt sich mit beruflichen Engagements, die nicht anspruchsvoll sind.

Transfer in den Schullalltag

Lehrer mit diesem Schema…	Schüler mit diesem Schema…
… bereiten ihren Unterricht zu 100 Prozent „perfekt" vor … vermitteln den Schülern die einseitige Philosophie, dass es im Leben alleine auf Leistung und Perfektionismus ankommt	… definieren sich vor allem über Noten … werden schnell nervös, wenn Arbeitsprozesse nicht zügig bearbeitet werden … fühlen sich ganz schnell minderwertig, wenn sie nicht zu den Klassenbesten gehören oder einmal „nur" eine Zwei schreiben
Relevante Schemamodi: *Selbsterhöher, Innere Antreiber (nach innen und außen wirkend)*	
Beteiligte Tests: Aus Schülersicht: „Ich mache den bestmöglichen Eindruck auf den Lehrer, um ihn mit meiner Leistungsbereitschaft zu beeindrucken"; aus Lehrersicht: „Ich erscheine tadellos und leistungsstark, damit die Schüler mich wertschätzen"	
Images: „Mir liegt viel am Beifall der Anderen", „Ich bin perfektionistisch – und stolz darauf"	
Beteiligte Appelle: „Bewundert meine Leistungen", „Werde so wie ich"	

> **Relevante Psychospiele:** „Notenschwemme" (in jeder Stunde Noten verteilen, damit sich die Schüler anstrengen), „Monolog" (den Gesprächspartner durch die Beschreibung des eigenen Perfektionismus beeindrucken wollen)

Negatives hervorheben

Personen mit dem Schema *Negatives hervorheben* frönen ausgiebig dem Pessimismus. In Alltag offenbart sich dieses Muster vor allem in der Annahme, dass in jeder Hinsicht „das Glas" halbleer ist, und zwar in allen Lebensbereichen.

Der Betreffende erwartet eine „baldige Krise", und die Hinweise darauf scheinen Personen mit diesem Muster jederzeit wahrzunehmen. Dafür verantwortlich ist eine selektive Wahrnehmung.

Gesprächspartner werden in der Regel weitschweifig davon überzeugt, dass eigentlich „alles scheiße ist".

Themen, die nach meiner Erfahrung oft in Erscheinung treten, können betitelt werden mit: „Unsere Gesellschaft steht vor dem Aus", „Die korrupten Politiker", „Der unnötige Euro", „Der Niedergang der moralischen Werte", „Früher war alles besser" o.Ä.

Andere Varianten drehen sich nach YOUNG et al. (2008, 320) um „Schmerz, Tod, Verlust, Enttäuschung, Verrat, Misserfolg und Konflikt".

Mit logischen Argumenten kann man die negative Einstellung des Anderen nicht korrigieren. Die allgemeinen Zustände dürfen gar nicht positiv „sein". Und so findet man immer ein „Haar in der Suppe".

Ein weiteres relevantes Phänomen, das im Rahmen dieses Schemas auftaucht: Die eigenen negativen Erfahrungen werden als *extrem* verwerflich dargestellt. Es ist klar: Natürlich ist der Alltag nicht frei von unliebsamen Begegnungen, Unstimmigkeiten, Problemen usw. Damit muss man leben.

Hört man aber Personen mit diesem Schema zu, kommt man leicht zu dem Eindruck, dass die Welt „einer Hölle" gleicht. Der Betreffende kommt gar nicht auf die Idee, dass er selbst die Kleinigkeiten überproportional negativ darstellt, und zwar in der Art, als hätten sie immense Auswirkungen für ihn (dabei treffen sie jeden).

Täglich wird gegrübelt, was das Zeug hält. Die negativen Gedanken lösen auch Anspannungszustände und Stress aus – dieser Zusammenhang ist dem Betreffenden nicht bewusst. Die unliebsamen Körperzustände werden in die „Alles Scheiße"-Einstellung eingeflochten, kommen also gerade recht.

In Hinsicht auf die Ursachen dieses Schema spielen wahrscheinlich vor allem lernpsychologische Aspekte eine Rolle. Das heißt, häufig erlebten die Betreffenden „passende" Vorbilder mit derselben Einstellung dem Leben gegenüber; deren Anschauungen wurden dann entsprechend psychisch verinnerlicht.

ROEDIGER (2009a) konstatiert, dass die Eltern wahrscheinlich selbst ängstlich waren und den Lebensradius des Betreffenden entsprechend reduzierten. Oder aber das Schema kann durch einen schwerwiegenden frühen Verlust „eingepflanzt" werden. Später hinaus bezieht (projiziert) man die traumatische Erfahrung dann auf alle Lebensbereiche.

Einige Worte zu den Bewältigungsmechanismen:

1. **Erduldung**: Der Betreffende „malt" sein Leben, seinen Alltag grau in grau. Alles, was er erlebt, ist mit einem Makel behaftet, sprich negativ. Kommt es doch einmal zu erfreulichen Situationen, sieht man sogleich das Schlechte darin und verdrängt das Drumherum schnell. Man beschäftigt sich vorwiegend mit den nichtigen Aspekten des Daseins, was sich etwa auch in den zumeist präferierten Medieninhalten zeigt, und erwartet sie vorauseilend. Personen mit diesem Schema betreiben aktiv Vorsorge für den „großen Moment".
2. **Vermeidung**: Infolge dieses Bewältigungsmechanismus versucht der Betreffende, seine Ängste und Befürchtungen „abzudämpfen". Manchmal wird dies sowohl durch sozialen Rückzug (Einkapselung) als auch durch wahrnehmungsveränderte Substanzen erreicht. Die eigenen Hoffnungen und Erwartungen werden auf ein Minimum reduziert. Spontaneität findet nicht mehr statt.
3. **Kompensation**: Der Betreffende fällt ins andere Extrem und vertritt plötzlich einen uneingeschränkten Optimismus. Er legt wieder Wert auf soziale Kontakte und nimmt aktiv am Leben teil. Häufig kommt es zu Risikoverhaltensweisen.

Transfer in den Schullalltag

Lehrer mit diesem Schema...	Schüler mit diesem Schema...
... wirken auf die Schüler sehr demotiviert ... können die Klasse nicht für den Unterrichtssoff begeistern ... strapazieren die Geduld der Heranwachsenden mit langen Ausführungen über die „Gefahren des Alltags"	... finden erst einmal alles Mögliche schlecht ... agieren eher im Hintergrund ... versuchen ihre Mitmenschen davon zu überzeugen, dass „alles scheiße" ist
Relevante Schemamodi: *Verletzbares Kind, Selbsterhöher, Distanzierter Beschützer, Innere Bestrafer (nach innen wirkend)*	

> **Beteiligte Tests:** Aus Schülersicht: „Ich stoße die Anderen mit meiner Meinung vor den Kopf, um sie zu provozieren"; aus Lehrersicht: „Ich schütze die Klasse durch die Lebenstipps, die ich ihr gebe"
>
> **Images:** „Ich bin alles leid", „Ich muss mich schützen"
>
> **Beteiligte Appelle:** „Hör mir zu und versuche bloß nicht, mir meine Sicht der Dinge ausreden zu wollen", „Überfordere mich nicht"
>
> **Relevante Psychospiele:** „Katastrophe" (die Mitmenschen warnen, damit sie sich schützen – so wie ich mich schütze), „Überzeuger" (die Anderen von der Realität – „Alles ist Scheiße" – überzeugen wollen, damit sie sich so schlecht fühlen wie ich)

Bestrafungsneigung

Und auch das im Folgenden thematisierte Schema kommt aufseiten der Lehrerschaft wahrscheinlich überdurchschnittlich häufig vor. Es hat den Namen *Bestrafungsneigung*.

Wer von diesem Muster beeinflusst ist, der fühlt sich dazu berufen, sämtliche Fehler der Mitmenschen zu ahnden. Und davon gibt es aus Sicht des Betreffenden genug. Auch man selbst hat hohe moralische, perfektionistische Ansprüche an sich selbst. Nicht die kleinste, selbst unbedeutende Verfehlung bleibt ungeahndet.

Natürlich verursacht dieses Schema sehr hohe Kosten, sobald es aufseiten der Lehrkraft vorliegt – aber nur aufseiten der Schüler. Denn natürlich muss es im Klassensaal mucksmäuschenstill sein, Disziplin steht an erster Stelle. Eine sehr einseitige Angelegenheit.

Kommt es dann irgendwann unvermeidlicherweise zu „Fehlern" auf Schülerseite, bestraft die Lehrkraft den Betreffenden umgehend. Dabei ist Ersterer unnachgiebig, unempathisch und vor allem *ungeduldig*. Es darf aus Sicht des Betreffenden einfach keine Unvollkommenheiten und „Ausraster" geben.

Viel zu viel Aufmerksamkeit wird aufgebracht für „menschliches Versagen", vor allem im beruflichen, aber auch im privaten Bereich. Stichwort: Korrektur von Leistungsfeststellungen. Man kann sich vorstellen, wie lange Lehrer mit einem solchen Schema brauchen, um eine Klassenarbeit zu korrigieren. Kein einziger (!) Fehler darf unkommentiert auf den Arbeitsblättern stehen. Denn dann wäre ja gleichzeitig auch der Pädagoge in Sachen Korrektur selbst *fehlerhaft...*

Im Alltag erscheinen Personen mit diesem Schema moralisierend und intolerant. Humor ist nicht existent. Vorwiegend wird auf der Sachebene kommuniziert. Beliebte Gesprächsthemen sind: „fehlerhafte Arbeitsabläufe", „mit Fehlern beladene Mitmenschen", „Kontrolle".

Ist man selbst einmal in der Situation, dass man als „Sünder" von Menschen mit diesem Schema mit seinen Taten konfrontiert wird, nützt vor allem eins nicht: eine Entschuldigung aussprechen. Die zählt nicht. Das Einzige, was zählt, ist die Bestrafung. Mildernde Umstände gibt es auch nicht. Doch in solchen Fällen gilt es, inneren Abstand herzustellen. Es würde nämlich jeden anderen an derselben Stelle genauso treffen.

Interessant sind Stimmlage, Mimik und Gestik, die Personen mit diesem Muster zeigen, sobald sie in „ihrem Element sind". Sie sprechen mit einem sehr hohen rationalen Anteil, schauen sehr streng und gestikulieren „von oben herab". Dies ist kein Zufall!

Denn die Ursachen dieses Schemas sind meistens ganz eindeutig: Der Betreffende lebte mit autoritären Eltern zusammen, die einen Hang zum Bestrafen hatten.

Infolge des Prozesses „Identifikation mit dem Angreifer" (KÖNIG 2003) „bildet" sich die relevante Person neuronal im Gehirn des Heranwachsenden ab.

Der Betreffende „wird" in Situationen (Jahre später), in denen er den Fehlern der Anderen nachspürt und sie bestraft, „zu" einer wichtigen Bezugsperson von früher (die auch maßgeblich für die Entstehung dieses Musters verantwortlich war).

Wie sieht es in Hinsicht auf die Bewältigungsmechanismen aus?

1. **Erduldung**: Der Betreffende geht in der Rolle des „Ordnungshüters" völlig auf. (Entsprechend oft findet man Personen mit diesem Muster in hierarchisch straff geführten Institutionen oder sogenannten „Kontrollberufen".) Die meiste Zeit des Alltags wird mit der Suche nach „Unvollkommenheit" ausgefüllt. Eigene Vergehen und auch die der Mitmenschen werden unnachgiebig geahndet, oft übertrieben hart bestraft. Dieses Streben wird geradezu kultiviert. Gerade im Beruf zeigt sich folgende Auffälligkeit: Nach „unten" wird getreten, nach „oben" gebuckelt. Dahinter steckt meistens ein sehr pessimistisches Menschenbild, das aber lediglich aus biografischen Erfahrungen resultiert. Man kann es beschreiben mit der Formel: „Der Mensch ist von Geburt ab böse und muss zum Guten (hart) erzogen werden."
2. **Vermeidung**: Die geltenden Regeln werden übergenau befolgt, um sich unliebsame Folgen zu ersparen. Man macht einen großen Bogen um die „Respektspersonen".
3. **Kompensation**: Das Lebensthema scheint nunmehr nicht mehr existent zu sein. Die hohen Maßstäbe, die für einen selbst und die Anderen gegolten haben, zählen jetzt nicht mehr. Meistens wirkt man auf die Mitmenschen plötzlich sogar gönnerhaft und nett. Doch dieses Auftreten überzeugt gewöhnlich nicht, es wirkt aufgesetzt.

Transfer in den Schulalltag

Lehrer mit diesem Schema...	Schüler mit diesem Schema...
... legen zu viel Wert auf Disziplin, Ordnung und Anstand	... neigen dazu, ihre Mitschüler für „Verfehlungen" zu bestrafen
... verbringen sehr viel Zeit damit, Tadel zu formulieren und auszuteilen	... sind viel zu selbstkritisch
	... drehen schnell durch, wenn sie keine guten Leistungen im Unterricht erzielen

Relevante Schemamodi: *Selbsterhöher, Schikanierer- und Angreifer-Modus, Distanzierter Beschützer, Innere Antreiber (nach innen und außen wirkend), Innere Bestrafer (nach innen und außen wirkend)*

Beteiligte Tests: Aus Schülersicht: „Ich bin überkritisch, damit die Anderen merken, auf was es mir ankommt"; aus Lehrersicht: „Ich gebe den Takt vor, damit ihr euch anpasst; ich habe die alleinige Macht!"

Images: „Ich bin eine Moses-Persönlichkeit, das heißt, alle müssen mir folgen", „Ich bin unnachgiebig bei Fehlern"

Beteiligte Appelle: „Halte Dich an meine Regeln", „Bemühe Dich"

Relevante Psychospiele: „Gerichtssaal" (den Gesprächspartner in Überlänge für seine Vergehen anklagen und über ihn richten), „Moses" (Monologe über Regeln, Moral und Anstand halten, damit die Anderen „folgen")

Ablauf einer schemapädagogischen Intervention

Im Folgenden wird der Ablauf einer schemapädagogischen Intervention geschildert. Zuvor müssen aber noch relevante Arbeitsbegriffe erwähnt werden, die im vorliegenden Rahmen eine Rolle spielen.

Psychospiel

Ein wirksames Mittel, um die Befriedigung eines bestimmten Bedürfnisses wirkungsvoll durchzusetzen, sind Psychospiele. Sie zeichnen sich durch einen bestimmten Ablauf der Kommunikation zwischen Sender und Empfänger aus. Er ist immer gleichartig. Mithilfe eines Psychospiels wird der Gesprächspartner zu einem erwünschten Verhalten animiert beziehungsweise dazu gezwungen.

Psychospiele werden in der Kindheit erlernt, einerseits im Zuge des Modelllernens psychisch verinnerlicht, andererseits infolge von bestimmten Sozialerfahrungen ausgeprägt (Beispiel: „Versetz mir eins").

Image

Ein Image ist ein bestimmter Eindruck, den – um im Rahmen Schulalltag zu bleiben – der Schüler beim Lehrer erzeugen will. Dies muss dem Betreffende nicht bewusst sein. Ein Image dient dazu, ein zugrundeliegendes Motiv/Bedürfnis zu kommunizieren, anders gesagt, anzumelden (etwa: „Ich mache Kampfsport!" heißt übersetzt: „Bewundere mich für meine „Stärke" oder „Maskulinität). Auf solche Images sollten Lehrkräfte dosiert eingehen, positiv. Dies trägt zum Aufbau von Beziehungskredit bei.

Test

Mithilfe von unbewusst praktizierten Tests strebt der Betreffende nach der Verwirklichung eines nachteiligen(!) Schemas. So wird vielleicht der Therapeut angegriffen, man will ihn provozieren, aus der Fassung bringen („Na, Herr X, scheiße drauf?"; oder: „Ich will nur aufs Klo!").

Appell

Appelle sind „Hilferufe durch die Blume". Jeder Lehrer kennt Schüler, die aggressiv vor einer Klassenarbeit verkünden: „Das Thema haben wir noch nie gemacht!" Eigentlich wollen Betreffende kommunizieren: „Bitte keine Arbeit heute!" beziehungsweise: „Bitte erklären Sie uns noch mal das Thema!"

(Dieses Merkblatt finden Sie auch als Kopiervorlage auf beiliegender CD.)

Abbildung 1: Schemapädagogik in der Praxis

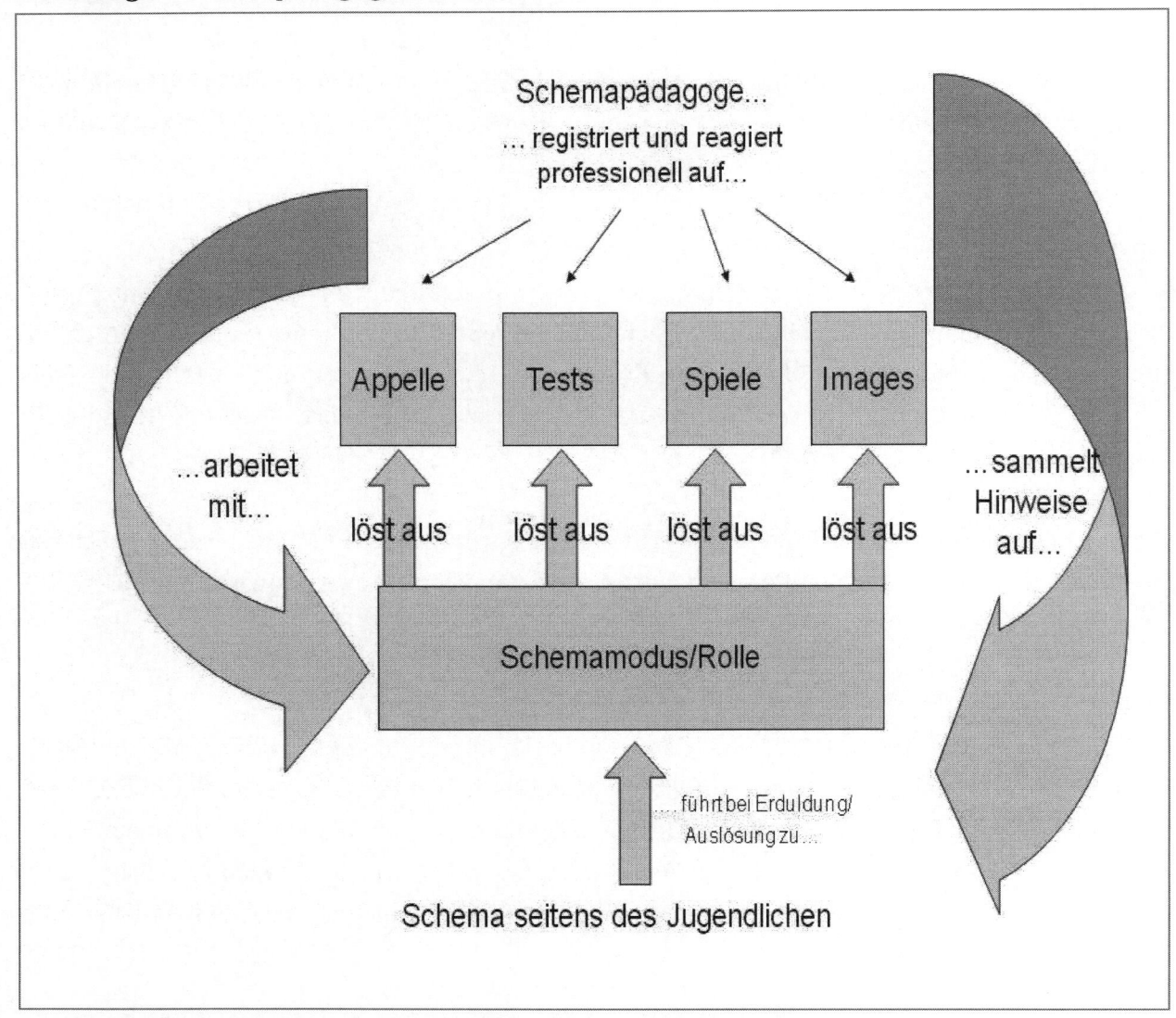

[Diagramm: Schemapädagoge... registriert und reagiert professionell auf... Appelle, Tests, Spiele, Images — löst aus — Schemamodus/Rolle — führt bei Erduldung/Auslösung zu... Schema seitens des Jugendlichen. ...arbeitet mit... ...sammelt Hinweise auf...]

(Dieses Merkblatt finden Sie auch als Kopiervorlage auf beiliegender CD.)

Ziele

Schemapädagogik verfolgt im Praxisfeld Schule verschiedene Ziele:

> **Förderung der Selbstkompetenz des Lehrers** (welche Schemata und Schemamodi liegen vor und welche potenziellen Auswirkungen haben sie?).
> **Prävention des „Ausbrennens" (Burn-out)**.
> **Herstellung einer tragfähigen Arbeitsbeziehung**.
> **Reduktion von Unterrichtsstörungen/Verhaltensauffälligkeiten**.
> **Förderung der Selbst- und Sozialkompetenz der Schüler** (innerhalb und außerhalb des Unterrichts).

Schemapädagogische Kompetenzen

Wer im Berufsalltag Schemapädagogik betreiben will, braucht spezifische Fähigkeiten. Auf diese wird im Folgenden eingegangen. Es wird dabei stets davon ausgegangen, dass die pädagogische Fachkraft mit Kindern, Jugendlichen oder Erwachsenen zu tun hat, die überwiegend schwierige Verhaltensmerkmale offenbaren und Defizite in den Bereichen Selbst- und Sozialkompetenz und Emotionsregulation aufweisen.

Beobachtung – eigene Schemata und Schemamodi berücksichtigen

Schemapädagogen sind im Unterricht in der Regel stets aufmerksam und vor allem *präsent*. Sie nehmen Aspekte der Gruppendynamik wahr, ebenso auch die Kommunikationsprozesse zwischen den Schülerinnen und Schülern.

Auf der anderen Seite haben sie ein Gespür für etwaige Tests („Na, Herr X, heute scheiße drauf?!"), Spiele („Wir verweigern heute die Klassenarbeit!"), Appelle („Nie erklären Sie uns was!?) und Images („Am Wochenende habe ich drei Tore beim Fußball geschossen!"). Die Lehrkraft geht sensibel und sehr bewusst mit solchen Phänomenen um.

Gerade schwierige Schülerinnen und Schüler, die ihre Klassenkameraden und/oder den Unterricht beeinträchtigen, werden beobachtet. Es geht vor allem darum, Hinweise auf verschiedene nachteilige Schemata und Schemamodi (Persönlichkeitsfacetten) wahrzunehmen.

Mit den Schemamodi wird später zwischen „Tür und Angel", aber auch im „Alltagsgeschäft" gearbeitet; der Schüler lernt eine bestimmte „schwierige" Persönlichkeitsfacette kennen, die er unbewusst hat, und erwirbt einen konstruktiven Umgang mit ihr.

Über kurz oder lang wird er sich selbst bestenfalls in brisanten Momenten „zurückhalten" können und nicht mehr sein problematisches Verhalten zeigen. Um dies zu erreichen, ist es seitens der Lehrkraft notwendig, Aspekte der Lebenswirklichkeit der „normalen" und „schwierigen" Schüler zu registrieren. Denn aufrichtiges Interesse an den Hobbys der Teenager kann schon ausreichen, um Beziehungskredit aufzubauen. Aber natürlich sollte man sich auch komplementär (passend) zur Motivebene der Heranwachsenden verhalten.

Merke: Auch „schwierige" Schüler zeigen sozial erwünschtes Verhalten – wenn sie eine als positiv empfundene Beziehung zur Lehrkraft aufgebaut haben.

Schemapädagogischer Beobachtungsbogen

Name des Schülers: _____

Beobachtungszeitraum: _____

Beobachtete Tests

_____

_____

Beobachtete Psychospiele

_____

_____

Beobachtete Appelle

_____

_____

Beobachtete Images

_____

_____

Beobachtete Schemamodi/Rollen

_____

_____

Lässt auf folgendes Schema/folgende Schemata schließen:

(Dieses Arbeitsblatt finden Sie auch als Kopiervorlage auf beiliegender CD.)

Beziehungen komplementär gestalten können

Die universellen Beziehungsmotive berücksichtigen

SACHSE (2002) unterscheidet 6 Beziehungsmotive (interaktionelle Grundbedürfnisse), denen Menschen nachstreben, sei es bewusst oder unbewusst (nach LANGENS 2009, 118f.):

1. **Anerkennung/Akzeptierung.** Dieses Wortpaar beschreibt das Bedürfnis, von der sozialen Umwelt ein positives Feedback zu bekommen, und zwar in Bezug auf das eigene Selbst. Das Bedürfnis kann sich zudem auch auf die Honorierung der eigenen Fähigkeiten, Eigenschaften usw. beziehen. Bleibt in der frühen Kindheit Anerkennung/Akzeptierung dauerhaft aus und kommt es zudem zu dauerhaften Enttäuschungen in Situationen, in denen der Heranwachsende diesem Motiv nachkommen will, werden mit an Sicherheit grenzender Wahrscheinlichkeit spezielle nachteilige Selbst- und Beziehungsschemata ausgeprägt, die auch zur Entwicklung von sogenannten kompensatorischen Mustern führen (siehe unten).

2. **Wichtigkeit.** Ein weiteres elementares Bedürfnis ist das Motiv, im Leben mindestens einer relevanten Bezugsperson eine positive Rolle zu spielen. Ein Kind ist vergleichbar glücklich, wenn dieses Motiv in durchschnittlicher Ausprägung mittels positiver Rückmeldung befriedigt wird. Dies kann auch geschehen durch die Vermittlung der elterlichen Wahrnehmung: „Wir verbringen gerne Zeit mit Dir." Kommt man diesem kindlichen Bedürfnis nach positiver Selbstwirksamkeit nicht nach, bilden sich eventuell negative Selbstschemata aus, etwa: „Ich habe anderen nichts zu bieten".

3. **Verlässlichkeit.** Hiermit ist das Motiv gemeint, stabile, belastbare Beziehungen zu erleben. Der Mensch ist, wie die oben erwähnten neurobiologischen Befunde nahelegen, ein soziales Wesen. Zu-Erziehende sollten irgendwann merken, dass die wichtigsten Bindungen insgesamt sicher sind und temporäre Krisen, aber auch Meinungsverschiedenheiten und Konflikte aushalten. Durch diese Voraussetzungen entwickelt das Kind auch ein gewisses Urvertrauen, das später hinaus die weiteren Beziehungen positiv prägen wird. Ergeben sich in Bezug auf dieses Motiv häufige Enttäuschungen, sind nachteilige Schemata potenzielle Auswirkungen.

4. **Solidarität.** Sich auf die Mitmenschen verlassen können, wenn man verschiedenartigen Angriffen ausgesetzt ist – auch das ist ein existenziales Bedürfnis, das vor allem in den ersten Lebensjahren sehr relevant für den Heranwachsenden ist. Wenn Kinder wissen, dass das soziale Umfeld auf deren Seite steht, wird dieses Motiv befriedigt. Die Bezugspersonen regen wahrscheinlich die Entstehung von entsprechenden dysfunktionalen Selbst- und Beziehungsschemata an, wenn sie dieses Bedürfnis zu extrem berücksichtigen und dem Zu-Erziehenden sämtliche negativen sozialen Erfahrungen ersparen. Auf der anderen Seite entstehen eventuell auch irrationale Muster, sollten die Erzieher das Kind in entsprechenden Situationen gänzlich alleine lassen.

5. **Autonomie.** Diese Motivation beschreibt das Bestreben, eigene Interessen, Wünsche und Ambitionen umzusetzen. Daran gekoppelt ist gleichzeitig das Bedürfnis, dass die Ande-

ren hierbei bei Bedarf auch Unterstützung anbieten und auch leisten. Auch das Streben nach Autonomie ist bereits bei Kindern auffällig. Wenn Eltern feinfühlig sind, merken sie schnell, welche Vorlieben und Interessen der Zu-Erziehende hat. Auch ist es wichtig, nicht ständig Machtkämpfe zu inszenieren, wenn das Kind eigene Ansprüche anmeldet, etwa bestimmte Hobbys und Sportarten ausüben will. In Bezug auf dieses Motiv kann es naturgemäß durch zu starke Unterdrückung beziehungsweise Gewährung zu verschiedenen nachteiligen Schemata aufseiten des Kindes kommen (siehe unten).

6. **Grenzen/Territorialität.** Letztlich relevant ist auch das Bedürfnis nach einem sicheren Territorium. Dieser ganz persönliche Bereich, etwa ein eigenes Zimmer, ist gleichzeitig eine vertraute Rückzugsmöglichkeit für den Heranwachsenden. Zum privaten Bereich gehören weiter: der eigene Körper, persönliche Meinungen und Überzeugungen.

Die Schüler dort abholen, wo sie stehen – dieser pädagogische Grundsatz sollte auch in Hinsicht auf die Beziehungsgestaltung gelten. Bekanntlich ist der Lehrerberuf vor allem ein „Beziehungsberuf" – was generell im Referendariat nach meiner Erfahrung viel zu wenig berücksichtigt wird.

Schnell erspüren die Heranwachsenden die Persönlichkeit der Lehrkraft und machen sich ihren „ersten Eindruck". Schemapädagogen sind daher flexibel. Sie verkörpern bewusst *verschiedene* „Lehrerrollen"; sie sind demnach „Freund", „Erzieher" und „Führer" gleichermaßen und offenbaren die entsprechenden Rollen, wenn sie angebracht sind.

Die skizzierte *Rollenvielfalt* sollte bereits zu Beginn des Schuljahres vermittelt werden, und zwar am besten in der genannten Reihenfolge. Ein zu autoritäres Auftreten führt schnell dazu, dass die Heranwachsenden ihre „alten" Strategien (Spiele, Images, Appelle) ausprobieren, die sie im Umgang mit ähnlich strukturierten Lehrern erworben haben. Und das bedeutet nichts anderes als Stress.

Der wichtigste Punkt aber ist: Schemapädagogen passen sich den verschiedenen Grundbedürfnissen/Motiven an, die die Heranwachsenden offen oder (öfter der Fall) verdeckt kommunizieren.

Nach SACHSE (2006) handelt es sich hierbei um Anerkennung/Akzeptierung, Wichtigkeit, Verlässlichkeit, Solidarität, Autonomie, Grenzen/Territorialität.

Schemapädagogen entwickeln nach und nach ein gewisses Fingerspitzengefühl dafür, welche Bedürfnis des Schülers – ihm unbewusst – gerade im Vordergrund steht und passen ihr Verhalten an.

Hierzu einige Beispiele:

Ausspruch des Schülers	Reaktion der Lehrkraft
➢ „Ich mach Kampfsport!" (eventuell: *Bedürfnis nach Anerkennung*)	„Cool. Sieht man Dir übrigens an. Was machst Du genau?"
➢ „Herr X, ich habe im Internet die nötigen Unterlagen gegoogelt und der Klasse kopiert!" (möglicherweise: *Bedürfnis nach Wichtigkeit*)	„Super! Da hast Du uns viel Arbeit abgenommen!"
➢ „Ich bin saudumm!" (eventuell: *Bedürfnis nach Verlässlichkeit*)	„Nee, bist Du nicht. Du hattest am Tag der Arbeit nur einen schlechten Tag. Ich glaube an Dich!"

Es ist wichtig, auf solche Bedürfnis-gebundenen Sätze vonseiten der Heranwachsenden durchschnittlich positiv zu reagieren. Meistens handelt es sich dabei ja eigentlich um nur um „Beziehungsangebote".

Die jeweilige Anpassung führt zur Steigerung des Beziehungskredits und somit gleichzeitig zur Reduktion von Verhaltensauffälligkeiten und Unterrichtsstörungen. Selbst „harte Brocken" halten sich zurück, wenn sie die Lehrkraft als „Person" wahrnehmen.

Noch besser für die Zusammenarbeit ist es, wenn eine sogenannte positive Übertragung seitens der Teenager aktiviert wird. Infolge dieses Phänomens wird die Lehrkraft als „gutes Elternbild" wahrgenommen – und das eigene Verhalten wird entsprechend vorauseilend „angepasst". Umgekehrt wirkt sich die Frustration des gerade aktuellen Bedürfnisses, etwa durch Sarkasmus, in der Regel sehr destruktiv aus. Vielleicht wird dadurch ein nachteiliges Schema direkt ausgelöst – und dann hat man richtig Stress. Grund: der Lehrer wird als „böses Elternbild" wahrgenommen, ob er will oder nicht.

Schemata und Bewältigungsversuche diagnostizieren, Schemamodi gemeinsam mit dem Schüler bearbeiten

Dem Schemapädagogen sind die 18 Schemata nach YOUNG die meiste Zeit über kognitiv präsent, sobald er im Berufsalltag mit Klienten zu tun hat. Darüber hinaus weiß er auch um die dazugehörigen Bewältigungsreaktionen sowie um die entsprechenden Schemamodi.

Eine komplementäre Beziehungsgestaltung führt schon zu erfreulichen Entwicklungen seitens „schwieriger" Schüler. Dies ist aber gewissermaßen nur die „halbe Miete". „Schwierige" Schüler unterdrücken ihre problematischen Schemamodi (Persönlichkeitsfacetten) und Manipulationen erfahrungsgemäß *nur* bei den Lehrern, die sie mögen. Außerhalb des Unterrichts kommt es

demgegenüber daher immer wieder zu „Rückfällen" in altbekannte Verhaltensmuster.
Daher muss der „schwierige" Schüler im Laufe des Schuljahres ein Bewusstsein von seinen „Schattenseiten" entwickeln, damit er lernt, mit ihnen auch außerhalb des Klassenzimmers konstruktiv umzugehen.

Erst wenn er weiß, dass in ihm ein „Manipulierer", „Mobber" usw. „steckt", wird ihm bewusst, dass er als „ganze Person(!)" auch hin und wieder Stress *macht*, genauer gesagt, *maßgeblich dafür verantwortlich ist.*

Schüler machen in der hier skizzierten Arbeitsphase, die die wichtigste ist, nur dann „mit", wenn ausreichend Beziehungskredit vorherrscht. Ist dies der Fall, bringt der Schemapädagoge empathisch-humorvoll das Thema Schemamodi (Persönlichkeitsfacette) erstmals zur Sprache.

Zuvor hat die Lehrkraft natürlich ausreichend beobachtet, Daten gesammelt und problematische Verhaltensweisen mit „inneren Persönlichkeiten" des Heranwachsenden etikettiert.

Schüler etwa, die gerne Schwächere mobben, fühlen sich schnell ertappt und müssen entsprechend – den Blick zu Boden gerichtet – grinsen, wenn der Schemapädagoge sagt: „Na, Timo, manchmal kommt schon so ein kleiner Mobber-Timo aus Dir raus, gell?" („Mobber-Timo" steht stellvertretend für den sogenannten *Schikanierer- und Angreifer-Modus.*

Begreift der Schüler, dass er eine konfliktauslösende Persönlichkeitsfacette „in sich" hat, beginnt die Arbeit mit diesem Schemamodus. Das kann während oder abseits des Alltagsgeschäfts geschehen. In relevanten Situationen kann etwa ein kurzes Gespräch über die jeweilige Schüler-Rolle geführt werden.

Es reicht auch unter Umständen schon eine Bemerkung (unter vier Augen) aus, um erfolgreich zu intervenieren, etwa: „Timo, in meinem Unterricht heute lässt Du den Mobber-Timo aber raus, okay?" Natürlich sollte die Lehrkraft sämtliche erfolgreichen Versuche des „Zusammenreißens" daraufhin positiv verstärken, etwa durch authentisches Loben.

Auf der anderen Seite ergeben sich auch konfrontative Methoden zum Umgang mit nachteiligen Schemamodi im Unterricht, zum Beispiel: „TIMO! Ich hab jetzt die Schnauze voll von Deinem Mobber-Timo! Letzte Chance! Sonst ist Ende-Gelände!" Solche Sätze, die natürlich mit einer entschlossenen Mimik und Gestik einhergehen müssen, sollten aber nur formuliert werden, wenn ausreichend Beziehungskredit besteht.

Unterstützung beim Transfer der erarbeiteten Lösungen in den Alltag

Sobald der Heranwachsende die Existenz eines kostenintensiven Schemamodus erkannt und akzeptiert hat, wird er vom Schemapädagogen darauf hingewiesen, dass er nunmehr alleine für die Kontrolle des jeweiligen Modus verantwortlich ist.

Für Schüler ist es erfahrungsgemäß sehr schwierig, die neuen Erkenntnisse über einige Teil-Persönlichkeiten in den zukünftigen Unterrichtsalltag zu integrieren. Der Schemapädagoge unterstützt den Heranwachsenden hierbei. Natürlich sollten nicht mehrere Schemamodi thematisiert werden, das überfordert den Betreffenden. Sinnvollerweise beschränkt man sich auf die Arbeit mit ein, zwei problematischen Persönlichkeitsfacetten.

Neben den kurzen Gesprächen über entsprechende „Teil-Ichs" kann auch ein sogenanntes Schemamodus-Memo erstellt werden. Es beinhaltet relevante Situationen, in denen eine problematische Persönlichkeitsfacette ausgelöst wird, deren Folgen sowie den konstruktiven Umgang, der angestrebt wird.

Schemamodus-Memo

Um den Modus *Gesunder Erwachsener* auf solche prekären Situationen vorzubereiten, entwirft der Klient gemeinsam mit dem Schemapädagogen ein sogenanntes Schemamodus-Memo. Dies ist nicht in allen Arbeitsfeldern möglich, aber der Schemapädagoge bezieht das Schemamodus-Memo mit ein, wenn die Rahmenbedingungen dafür gegeben sind.

Das Memo soll die Kenntnis über nachteilige Schemamodi kognitiv verankern und zur dauerhaften Verhaltensänderung beitragen.

Folgendes Memo, das in der Sprache des Klienten gehalten ist, stammt von einem männlichen Jugendlichen. Der Schüler M. ist 17 Jahre alt, und es wird der Schemamodus *Schikanierer- und Angreifer-Modus* thematisiert.

(Wichtig ist, dass der Klient mit eigenen Worten die Erinnerungskarte ausfüllt.) Angelehnt ist das Memo an die Empfehlungen von ROEDIGER (2009b, 84):

Die Erinnerungskarte von M.

1. Benennen einer Situation, in der ich wütend werde
„Wenn ich in meiner Stammkneipe sitze und mich jemand zu lange anguckt."

2. Erkennen der aktivierten Teil-Persönlichkeit
„Ich weiß, dass so eine Situation Wut in mir auslöst, weil dann der aggressive M. in mir hochkommt – er war in ähnlichen Situationen kurzfristig nützlich."

> **3. Anerkennen des unangepassten Denkens und Realitätsprüfung**
> „Mein Gedanke, dass der Andere mir schaden will, muss nicht stimmen. Vielleicht schaut er nur „einfach so" in der Gegend herum. Nicht jeder, der mich anguckt, will sich mit mir schlagen."
>
> **4. Trennen vom alten und Festigung des neuen Verhaltens**
> „Ich habe bisher immer gleich aggressiv reagiert und dem Anderen Prügel angedroht. Ich könnte mich stattdessen umdrehen und gehen, auch wenn meine Kumpels das uncool finden. Die müssen sich ja nicht mit den Folgen auseinandersetzen."

Es ist denkbar, dass der Klient das Memo in Form eines Arbeitsblattes im DIN-A5-Format ausfüllt und in seiner Geldbörse verstaut.

In relevanten Situationen kann er dann noch rechtzeitig einen Blick auf die Karte werfen und so möglicherweise die üblichen kostenverursachenden Handlungen unterbinden.

Der Schemapädagoge erkundigt sich beim Klienten regelmäßig über den Einsatz der Erinnerungskarte und verstärkt erfolgreiche Umsetzungen positiv, etwa durch Lob oder kleine Aufmerksamkeiten.

Regelmäßige Gespräche über Aktivierungen des maladaptiven Modus werden auch weiterhin geführt, um den Modus des *Gesunden Erwachsenen* auch zukünftig zu fördern. Entsprechende Einstiege können sein:

- „Na, hat sich der Aggro-M. mal wieder am letzten Wochenende gemeldet?"
- „Was hast Du getan, um ihn zu unterdrücken?"
- „Wie hast Du Dich dabei gefühlt?"
- „Wie ist es Dir danach ergangen?"

Stühlearbeit
Im Rahmen der Stühlearbeit, die Parallelen zur Vorgehensweise in der Klärungsorientierten Psychotherapie aufweist, lässt man verschiedene Modi zu Wort kommen.

Ein Anlass, die Stühlearbeit aufzunehmen, kann sein, dass so gut wie täglich im Unterricht immer wieder ein bestimmter Konflikt in den Vordergrund drängt.

Ziel ist die Förderung von Selbsterkenntnis (in Hinsicht auf maladaptive Schemata und Schemamodi).

Zu Beginn der Übung sitzen sich Therapeut und Klient gegenüber, Ersterer übernimmt die Rolle des *Gesunden Erwachsenen*. Der Klient agiert aus Sicht seines maladaptiven Schemas. Es wird diskutiert, abgewogen, nachgefragt.

Irgendwann übernimmt der Schüler selbst die Perspektive des *Gesunden Erwachsenen*, ist in diesem Fall dann sein eigener „Therapeut". Durch den damit implizierten Sitzplatzwechsel (auf einem Stuhl „sitzt" der maladaptive Modus, auf dem anderen der Modus des *Gesunden Erwachsenen*) bildet der Klient seine innere Zwiespältigkeit auch in der Realität ab und betreibt aktiv Selbsthilfe, indem er lernt, innere Motivationen auszugleichen, die ihm bisher nicht bewusst waren.

Ein maladaptiver Grundsatz wie „Ich muss im Beruf immer der Beste sein!" (*Modus Selbsterhöher*) kann entsprechend durch eine gesündere Auffassung des *Gesunden Erwachsenen* ausbalanciert werden: „Nicht immer die erste Geige spielen – ist auch in Ordnung."

Das Schemamodus-Memo

Erinnerungskarte
Name des Schülers: _____

1. Benennen einer Situation, in der ich meine „fünf Minuten habe"

_____

_____

2. Erkennen der aktivierten Teil-Persönlichkeit

_____

_____

3. Anerkennen des unangepassten Denkens und Realitätsprüfung

_____

_____

4. Trennen vom alten und Festigung des neuen Verhaltens

_____

_____

(Dieses Arbeitsblatt finden Sie auch als Kopiervorlage auf beiliegender CD.)

Das Schemamodus-Tagebuch

(in Anlehnung an ARNTZ & VAN GENDEREN 2010, 142)

Schemamodus-Tagebuch

Name des Schülers: _____

Datum: _____

Positive Erfahrungen

_____

_____

Datum: _____

Positive Erfahrungen

_____

_____

Datum: _____

Positive Erfahrungen

_____

_____

Datum: _____

Positive Erfahrungen

_____

_____

(Dieses Arbeitsblatt finden Sie auch als Kopiervorlage auf beiliegender CD.)

Das Hausaufgaben-Buch

(in Anlehnung an ARNTZ & VAN GENDEREN 2010, 148)

Hausaufgaben-Buch

Name des Schülers: _____

Datum: _____

Beschreibung meiner Hausaufgabe

_____

_____

Wann werde ich die Hausaufgabe erledigen?

_____

_____

Welche Probleme können bei der Hausaufgabe möglicherweise auftreten?

_____

_____

Mögliche Lösungen für diese Probleme:

_____

_____

Ergebnisse:

_____

_____

Welche unerwarteten Probleme sind aufgetreten und wie bin ich mit ihnen umgegangen?

_____

(Dieses Arbeitsblatt finden Sie auch als Kopiervorlage auf beiliegender CD.)

Schemapädagogik in der Praxis

Gewaltbereitschaft und Gewalt

> Serda (16) und Volkan (17) besuchen die „schlimmste BVJ-Klasse der Schule", so zumindest die Einschätzung einer überforderten Kollegin. Die beiden Türken fallen insbesondere dadurch auf, dass sie sehr viel negative Aufmerksamkeit auf sich ziehen. Unterricht wird dadurch so gut wie unmöglich gemacht. Disziplinarmaßnahmen waren bisher mehr oder weniger erfolglos.
>
> Sie geben sich übertrieben „cool", versuchen immer mal wieder, die Lehrkräfte, die in dieser Klasse eingesetzt sind, aus dem Konzept zu bringen („Hey, Frau X, wissen Sie, was Gang bang ist?") Oder aber sie spielen, wenn es ihnen zu langweilig wird, Musik laut auf ihren Handys ab (Stil: Aggro-Berlin).
>
> Auch bei Lehrer X versuchen sie „ihr Glück". In den ersten Stunden des Schuljahres quatschen sie „heldenhaft" über Schlägereien, die sie in ihrer Freizeit provozieren. „Hey, Herr X, wissen Sie, wie viel Geld es kostet, wenn man einem Anderen vier Zähne ausschlägt?" Er antwortet ohne ersichtliche Regung: „Nee, da kenne ich mich nicht aus."
>
> Noch in der ersten Stunde wurden Ethik-Themen für das laufende Schuljahr gesucht und gefunden. Auch die Themen „Gewalt", „Mobbing" und „Liebe" wurden ausgewählt – was die beiden Türken sehr erfreute.
>
> Der Pädagoge fragt die kommenden Wochen immer mal wieder nach, was sich „so am Wochenende" im Rückblick bei den beiden getan hat. Serda meint irgendwann, sie hätten im TV eine Freefight-Kampfsportveranstaltung geschaut, bei der „harte Jungs gegeneinander angetreten sind". Der Lehrer erkundigt sich nach den Regeln, Gepflogenheiten und nach den „besten Kämpfern" in dieser Sportart. Die beiden erzählen begeistert. In dieser Stunde arbeiten die beiden zur Abwechslung mündlich mit und unterlassen ihre „Spielchen".
>
> Eines Tages bemerkt Herr X, dass Serda ein blaues Auge hat. „Na? Am Wochenende mal an den Falschen geraten?", sagt er humorvoll. Serda antwortet (sichtlich nicht darüber erfreut): „Oh, Herr X, lassen Sie mich bloß in Ruhe!" Daraufhin Herr X: „Siehst Du, so habe ich mich am Anfang des Schuljahres gefühlt, als Du und Volkan aufgedreht habt." Serda meint daraufhin, dass ihm das egal sei, und außerdem würde er am nächsten Tag „krasse Rache" an demjenigen ausüben, der ihm das angetan hätte.
>
> Herr X bittet daraufhin Serda vor die Tür, die Klasse kümmert sich derweil um einen Gruppenarbeitsauftrag.
>
> Unter vier Augen erklärt Herr X, dass er Serda für einen „netten Kerl" halte, mit dem Unterricht oft Spaß machen würde – und dass manchmal so ein „Aggro-Serda" hochkomme. „Und dann ist es nicht mehr so lustig, da hast Du dann so Deine fünf Minuten."

> Die beiden reden über den „inneren Aggro-Serda", über seine Rolle, die er am Schuljahresbeginn im Unterricht, aber auch am Wochenende spielt, wenn Serda mit seinem Freund in der Stadt unterwegs ist.
>
> Sie verfassen ein Schemamodus-Memo, das speziell auf den nächsten Tag „gemünzt" ist (siehe unten).
>
> Dies stellt sich im Nachhinein als nicht effiziente Hilfe heraus. Serda prügelt sich wieder mit dem besagten Jungen.

Allgemeines

Gewalt – besonders unter Jugendlichen – scheint in den letzten Jahren eine neue Qualität angenommen zu haben. Nunmehr werden immer häufiger Jugendliche, aber auch Erwachsene, die bereits am Boden liegen, weiterhin verletzt, bis sie nicht mehr aufstehen (SCHMITT-KILLIAN 2010). Zwar bezieht sich das Phänomen meistens auf junge *männliche* Jugendliche, doch zunehmend holen die Mädchen „auf".

Ebenfalls ist erkennbar, dass sich Jugendgewalt immer öfter auch gegen Erwachsene richtet. Die populären Fälle, die in den Medien große Beachtung finden (etwa der „Fall Brunner" in München), mögen in dieser Hinsicht als Beispiele gelten.

Zwar sank die Zahl der registrierten Straftaten von Jugendlichen in Deutschland nach der Polizeilichen Kriminalstatistik 2009. Demnach wurden „nur" noch 7,6 Prozent aller Heranwachsenden polizeilich unter der Rubrik „tatverdächtig" registriert (265.771).

Delikte, die mit Körperverletzung zu tun haben, stiegen zahlenmäßig hingegen an, und das besonders seit dem Jahr 2007, in dem ein Anstieg von 6,3 Prozent bei gefährlicher und schwerer Körperverletzung verzeichnet wurde (SCHMITT-KILLIAN 2010, 37). Die Körperverletzungen haben mit circa 25 Prozent einen recht hohen Deliktsanteil in Hinsicht auf das breite Straftatenspektrum.

Auf der anderen Seite ist bei den Gewaltdelikten (Körperverletzung, Sachbeschädigung usw.) tendenziell „mehr Brutalität" zu verzeichnen als früher (HEISIG 2010).

Erwähnt werden muss noch, dass die Aussagekraft der Polizeilichen Kriminalstatistik (PKS), deren aktuellen Ergebnisse oben skizziert wurden, begrenzt ist. Die Daten beinhalten lediglich Taten, die angezeigt wurden. Viele Gewaltdelikte bleiben erwiesermaßen im Verborgenen. Außerdem spielt die Variable „Anzeigebereitschaft in der Bevölkerung" eine große Rolle, sie ändert sich in Abhängigkeit zu den gesellschaftlichen Veränderungen immer wieder.

Trotz allem: Lehrerinnen und Lehrer erleben so gut wie täglich irgendeine Facette von Gewalt. Die „Spanne" reicht von Beleidigungen, Lästereien, Mobbing bis hin zu körperlichen Auseinandersetzungen beziehungsweise schweren Misshandlungen.

Und es muss bedacht werden: Die Gewaltventile haben auch durch die Neuen Medien an Vielfalt gewonnen. Begriffe wie *Cybermobbing* (Schikanieren mittels Handy oder im Internet), *Cyberbullying* (bei Kindern) und *Happy-Slapping* (Gewaltdelikte auf Handy aufnehmen und weitersenden) waren bis vor wenigen Jahren noch völlig unbekannt. Die Zeiten haben sich geändert.

Im Folgenden wird es schwerpunktmäßig um die „traditionelle" Gewalt und Gewaltbereitschaft gehen, sprich: um aggressives Verhalten, das darauf abzielt, andere psychisch und physisch zu schädigen.

Die sogenannten Schlägertypen stammen überwiegend aus sozial schwachen Schichten (SCHMITT-KILLIAN 2010). Sie sind ihren Opfern in der Regel körperlich überlegen und machen auch auf so manchen Pädagogen einen entsprechend „robusten" Ersteindruck. Der Umgang mit solchen Schülerinnen und Schülern ist in der Regel nicht einfach, besonders wenn man von so mancher Straftat *weiß*.

Sicherlich macht diese Klientel so mancher Lehrkraft zu schaffen, besonders wenn man sich in Machtkämpfe verwickeln lässt (siehe auch Kapitel 5.8). Wenn man diese Konflikte auch noch mit „nach Hause" nimmt, können nach und nach alle Voraussetzungen entstehen, die im sogenannten Burn-out gipfeln.

Das Problem „gewaltbereite Schüler" gibt es natürlich schon länger. Und die gesellschaftlichen Institutionen kümmern sich seit Jahren um das Phänomen. – Mehrfachtäter haben daher meistens Anti-Aggressions-Trainings hinter sich. Jene entsprechen überwiegend der Theorie der sogenannten Konfrontativen Pädagogik (KILB, WEIDNER & GALL 2009). In solchen Trainings werden die Betreffenden zwar als Person wertgeschätzt, aber in Hinsicht auf ihr „abweichendes Verhalten" konfrontiert („80 Prozent einfühlsame, tolerante Beziehungsgestaltung, 20 Prozent Konfrontation"). Auch schemapädagogische Methoden sind hier einsetzbar.

Eigene Schemata und Schemamodi berücksichtigen
Die Fachkräfte gehen unterschiedlich mit Gewalt im Klassenzimmer um. Manche schauen weg, andere intervenieren. Die Frage ist eben nur: wie? Prinzipiell sollte man sich bewusst machen, dass gewaltbereite beziehungsweise gewalttätige Heranwachsende nicht *so* „auf die Welt gekommen" sind.

Sie machten ihre biografischen Erfahrungen, meistens aus der Opfer-Perspektive, und mussten sich in der Regel an schwierige soziale Verhältnisse zu Hause anpassen.

Andererseits, und hier tut sich ein Teufelskreis auf, haben sie von den „damaligen Tätern" gelernt, was genau aggressives Verhalten ausmacht. Meistens kommen dann entsprechende „Erfolgserlebnisse" im Kindergarten- beziehungsweise Grundschulalter hinzu, die die Ausprägung des aggressiven Verhaltens positiv verstärken. Eventuell half es ihnen beim Durchsetzen eigener Interessen, vielleicht bekamen sie Anerkennung von den „Mitläufern" entgegengebracht. Diese (gewöhnlich) jahrelangen Prägungen, Interaktions- und Reiz-Reaktionsmuster bringt der Jugendliche nun mit in die Schule. Von einer „Pulverfass-Situation" zu sprechen – das wäre an dieser Stelle übertrieben. Aber eins muss klar sein: Sollte die Lehrkraft nichtwissend maladaptive Schemata und Schemamodi aufseiten des Betreffenden auslösen, dann kann sich ganz schnell eine sehr explosive Situation im Unterricht ergeben, in der die Emotionen hochkochen.

Gerade zu Beginn des Schuljahres sollte daher bedacht mit Ironie, Extraversion und Sarkasmus umgegangen werden. Unter Umständen reicht nämlich schon ein „Schlüsselsatz" aus, um aufseiten des Betreffenden eine Kettenreaktion in Gang zu setzen, etwa: „Na, am Wochenende mal an den Falschen geraten?" So einen Satz, der den Betreffenden möglicherweise an einen Täter „von damals" unbewusst erinnert, kann man nur ohne Bedenken aussprechen, wenn man einige Wochen lang erfolgreich Beziehungskredit erwirtschaftet hat. Infolgedessen wird man eher als Respektsperson wahrgenommen und nicht als „typischer Lehrer". Es lohnt also, bei diesem Thema prinzipiell einen „inneren Abstand" herzustellen und seine maladaptiven Schemamodi im Auge zu behalten. Hierbei helfen die Einsichten der Lernpsychologie und Schematherapie:

1. „Täter" waren meistens früher selbst Opfer und re-inszenieren in bestimmten Situationen kindliche Erlebnisse – nur unter umgekehrten Vorzeichen.
2. Anhand von „passenden Vorbildern" wurde aggressives Verhalten erlernt.
3. „Täter" haben auch Gefühle, Wünsche, Bedürfnisse nach Anerkennung, Solidarität und Wertschätzung, die hinter den maladaptiven Schemamodi „versteckt" sind.

Sehr nachteilig ist jedoch, dass gewaltbereite Jugendliche manchmal ihr „Thema" im Unterricht offenbaren. Die Betreffenden berichten etwa über Schlägereien, die neuesten „Happy-Slapping"-Videos usw. Viele Lehrkräfte geben dann meistens ihre Bedenken kund – und schon steht die Beziehungsgestaltung unter einem schlechten Stern. Denn manchmal sind entsprechende Phänomene nichts anderes als Beziehungsangebote. Die Themen stammen ja aus der Lebenswelt der Betreffenden. Daher kann es nicht schaden, zunächst eine neutrale Position zu beziehen; im späteren Verlauf des Schuljahres sind dann Gespräche auf „gleicher Augenhöhe" möglich. In denen kann man dann mit Kritik etwas bewegen.

Nun zu den Schemata und Schemamodi, die relevant sein können, wenn gewaltbereite beziehungsweise gewalttätige Schüler in der Klasse sitzen.

Relevante Schemata	Relevante Schemamodi
Auf Schülerseite: Misstrauen/Missbrauch Anspruchshaltung/Grandiosität	**Auf Schülerseite:** Impulsiv-undiszipliniertes Kind Aggressives (bzw. Wütendes) Kind Distanzierter Beschützer Selbsterhöher Schikanierer- und Angreifer-Modus Zerstörer-/Killer-Modus Manipulierer, Trickser, Lügner, Innere Bestrafer (nach außen wirkend)
Provoziert die Auslösung folgender Schemata auf Lehrerseite: Misstrauen/Missbrauch Unterwerfung Bestrafungsneigung	**Provoziert die Auslösung folgender Schemamodi auf Lehrerseite:** Verletzbares Kind Ärgerliches (bzw. Wütendes) Kind Unterordnender Modus Manipulierer, Trickser, Lügner Schikanierer- und Angreifer-Modus Innere Bestrafer (nach außen wirkend)

Komplementärer Beziehungsaufbau

Auch eine komplementäre Beziehungsgestaltung mit Schülern, die zur Gewalt neigen, ist möglich – nur eben nicht einfach zu bewerkstelligen. Die Betreffenden haben ja in der Regel gelernt, die Modi *Glückliches Kind* und *Verletzbares Kind* gerade nicht zu zeigen. Daher kommt man in der Regel nicht direkt, sondern nur über einen „Umweg" emotional an sie heran. Ein erster Schritt wäre schon damit getan, wenn man die Themen, die die Betreffenden anscheinend interessieren und immer mal wieder erwähnen, nicht vorauseilend ablehnt.

Denn eine solche Abwehr ist solchen Schülern in der Regel wohlbekannt. Offenheit und Interesse demgegenüber lassen sich dann authentisch kommunizieren, wenn der Lehrer inneren Abstand durch die Kenntnis der Psychodynamik von Gewaltbereitschaft herstellt (siehe oben). Es kommt öfter mal vor, dass betreffende Schüler Themen wie Happy-Slapping, Cyber-Sex, Aggro-Rap usw. verbalisieren, *um mit dem Pädagogen in Kontakt zu treten*. Auf der Beziehungsebene wird dann gewissermaßen ein „Angebot" gemacht. Man sollte bedenken: Solche Schüler haben in der Regel gar keine andere verbale Alternative. Wer sich ein negatives Feedback verkneift, tut schon viel Sinnvolles. Entsprechend trägt auch ein breites Wissen über „fragwürdige Schülerangelegenheiten" zum Aufbau von Beziehungskredit bei. Die Betreffenden sind meistens schnell beeindruckt, wenn man über sogenannte Insider-Informationen verfügt, also *up to date* ist. Auf diese Weise kann man vermitteln: „Ein Teil von mir ist wie ihr."

Wird dann noch vonseiten des Schülers ein Hobby genannt, dem er in der Freizeit nachgeht, etwa „Rappen", „Boxen" (im Verein), „Tanzen" usw., dann ist dies der „richtige" Moment, in dem man am besten nachfragt und authentisch Interesse offenbart.

Ausbau von vorhanden Kompetenzen

Die sich dann ergebenden Informationen kann man dazu nutzen, um vorhandene Ressourcen des Betreffenden zu fördern. Ist der Schüler etwa (a) ein begeisterter Rapper, kann man ihm zum Beispiel einen adäquaten Zeitungsartikel mitbringen (Konzertbericht o.Ä.); boxt er (b) im Verein, kann man ihm ein Boxtrainingsbuch empfehlen (das man „zufällig" im Internet gefunden hat) oder eins ausleihen; (c) einer leidenschaftlichen Tänzerin kann man eine Tanzschule in unmittelbarer Nähe empfehlen. Lassen sich die Betreffenden auf solche Interventionen ein, werden sie in vielerlei Hinsicht gefördert – und man kann die Energie, die diese Klientel bisher in „falsche Kanäle" geleitet hat, eher in eine neue, prosoziale Richtung lenken. Parallel hierzu lernen die Heranwachsenden nichts anderes als Vertrauen. Sie erkennen, dass es auch jemand gut mit ihnen meint. Dies fördert gleichzeitig den Modus des *Gesunden Erwachsenen*.

Problemaktualisierung

Werden im Unterricht aufseiten des betreffenden Schülers maladaptive Schemamodi ausgelöst, kommt es unweigerlich zu bestimmten Konflikten. Doch der Lehrer hat dann infolge eines geglückten Beziehungsaufbaus zuvor „gute Karten". Je mehr Beziehungskredit besteht, desto eher „entladen" sich nämlich relevante Schemamodi (*Schikanierer- und Angreifer-Modus* und *Zerstörer-/Killer-Modus*) „in Richtung" *Mitschüler* (und nicht gegen den Pädagogen). Sicher: reagieren muss man dann trotzdem. Aber dann hat man ganz andere Möglichkeiten.

Meistens bekommt man solche Aktivierungen mit. Die Äußerungen, die gewaltbereite Schüler dann tätigen, unterscheiden sich erfahrungsgemäß. Die jeweilige Qualität hat vor allem mit kulturellen/biografischen Entwicklungen zu tun. Grundsätzlich gilt: Wenn noch nicht genug Beziehungskredit aufgebaut werden konnte – vielleicht hatte der Lehrer nicht genug Zeit –, agiert der Pädagoge *de*eskalierend. Stimmt jedoch die „Chemie" zwischen Schüler und Fachkraft, so kann man sich auch die eine oder andere konfrontative Intervention „leisten". Verschiedene Entgleisungen („EY! ICH FICK DICH SPÄTER, DU SPAST") sollten unter vier Augen mit dem Betreffenden besprochen werden.

Problemklärung

In der Regel werden bei „klärenden Gesprächen" so gut wie alle „selbstwertdienlichen Wahrnehmungsverzerrungen" aktiviert (= externale Kausalattribuierung: „Der Andere hat mich provoziert!" – Modus des *Distanzierten Beschützers*: „Ich hab gar nichts gemacht!").

Entspannt sich der Schüler aber irgendwann, weil der Lehrer nicht nachsetzt, sondern aktiv zuhört, merkt man schnell, dass sich nunmehr leichter die kognitiven Ressourcen des Betreffenden stimulieren lassen. Und dann kann man mit der Schemamodus-Arbeit beginnen.

Zu Beginn wird die „gute Beziehung", die zwischen dem Betreffenden und der Lehrkraft besteht, kurz skizziert. Um den Modus des *Gesunden Erwachsenen* zu aktivieren, bietet sich an, einige erfreuliche gemeinsame Erlebnisse anzusprechen. Daraufhin kann der Lehrer seinem Gegenüber – humorvoll-empathisch – einen Arbeitsbegriff für dessen maladaptiven Schemamodus anbieten (etwa: „Und manchmal kommt schon so ein Killer-Serda aus Dir raus, gell?").

Erfahrungsgemäß finden Schüler solche Bezeichnungen passend beziehungsweise interessant. Zeigt der Betreffende positive Reaktionen, lohnt meistens eine Vertiefung („Wann kommt denn der Killer-Serda sonst noch so raus?" o.Ä.). Auf diese Weise kann man ein Schemamodus-Gespräch anregen und so gleichzeitig beim Schüler ein Gespür für seine kostenintensive Persönlichkeitsfacette erwecken.

In der Regel verstehen Schüler in einer solchen Stimmung auch die Lage des Lehrers, das heißt, die Perspektivenübernahme findet häufig statt („Hör zu, im Unterricht kann ich den Killer-Serda nicht gebrauchen, dann kann ich nicht unterrichten. Was können wir da machen?").

Gelingen solche Gespräche, verspricht der Schüler meistens, sich in den zukünftigen Stunden „zusammenzureißen". Hat man diesen Punkt erst einmal erreicht, lassen sich auch Absprachen für die Zeit außerhalb der Schule treffen.

Unterstützung beim Transfer der erarbeiteten Lösungen in den Schulalltag

Doch dies ist gewöhnlich nicht so einfach zu bewerkstelligen. Dafür wurden aggressive Verhaltensweisen des Betreffenden viel zu häufig vom sozialen Umfeld belohnt, freiwillig oder unfreiwillig.

Aber es ist schon mehr als genug erreicht, wenn man mittels der Schemamodus-Arbeit mit der Klasse einen ordentlichen Unterricht machen kann, der nicht alle paar Minuten von einem maladaptiven Schemamodus sabotiert wird.

Der Betreffende braucht in Hinsicht auf die Selbstkontrolle auch die Mitarbeit der Lehrkraft. Anfangs bietet es sich noch an, vor der Unterrichtsstunde die eine oder andere – nett gemeinte – Bemerkung über den „Stand der Dinge" anzubringen. „Na, was hat der Killer-Serda letztes Wochenende so gemacht?" o.Ä. Und dann gilt wieder: inneren Abstand herstellen, Humor einbringen, nicht gleich verurteilen.

Dem Schüler muss nach und nach klar werden, dass gewissermaßen der „Feind" in ihm und nicht neben oder vor ihm sitzt. Es muss ihm irgendwann bewusst werden: der „Killer-Persönlichkeitsanteil" sucht und findet immer wieder jemanden, mit dem „er" sich boxen, raufen, prügeln kann. Grund: *Das ist sein Thema*. An diesem Punkt kann man behutsam mit dem Heranwachsenden arbeiten. Vielleicht ergeben sich entsprechende Gespräche.

Die Lehrkraft kann auch bewusst „Schemamodus-Klärungs-Phasen" einplanen und durchführen, um solche intimen Unterhaltungen zu führen, etwa im Rahmen der sogenannten „Fördergespräche", die in der Berufsfachschule 1 ohnehin regelmäßig stattfinden. Auch im BVJ (Berufsvorbereitungsjahr) bringt die Schemamodus-Arbeit einiges.

Kommt es nach Schemamodus-zentrierten Gesprächen zu akuten Rückfällen im Unterricht, sollte der Schüler zunächst mit „seinem Versagen" konfrontiert werden („Serda, ich habe Dir gesagt, dass Du für den Killer-Modus verantwortlich bist! Was soll das jetzt!?") Spätestens bei Rückfällen sollte mit dem Schemamodus-Memo gearbeitet werden.

Man merkt schnell, wenn schemapädagogische Interventionen fruchten. Dies ist dann der Fall, wenn sich die „typischen" Unterrichtsstörungen reduzieren.

Entsprechende „Erfolge" werden wie immer angesprochen, positiv verstärkt und eventuell honoriert.

Deutung des Eingangsfalls

Serda (16) und Volkan (17) besuchen die „schlimmste BVJ-Klasse der Schule", so zumindest die Einschätzung einer überforderten Kollegin. Die beiden Türken fallen insbesondere dadurch auf, dass sie sehr viel negative Aufmerksamkeit auf sich ziehen (***eventuell Hinweis auf das Schema Anspruchshaltung/Grandiosität***). Unterricht wird dadurch so gut wie unmöglich gemacht. Disziplinarmaßnahmen waren bisher mehr oder weniger erfolglos.

Sie geben sich übertrieben „cool", versuchen immer mal wieder, die Lehrkräfte, die in dieser Klasse eingesetzt sind, aus dem Konzept zu bringen („Hey, Frau X, wissen Sie, was Gang bang ist?") (***Test „Lässt Du Dich von mir dissen", Modus Selbsterhöher, Schikanierer- und Angreifer-Modus***) Oder aber sie spielen, wenn es ihnen zu langweilig wird, Musik laut auf ihren Handys ab (Stil: Aggro-Berlin) (***Image „Wir sind harte Jungs", Modus Selbsterhöher, eventuell Appell „Interessiere Dich für unsere Musik"***)

Auch bei Lehrer X versuchen sie „ihr Glück". In den ersten Stunden des Schuljahrs quatschen sie „heldenhaft" über Schlägereien, die sie in ihrer Freizeit provozieren (***Image „Wir sind harte Jungs", Modus Selbsterhöher, eventuell Appell „Interessiere Dich bitte für uns"***). „Hey, Herr X, wissen Sie, wie viel Geld es kostet, wenn man einem Anderen vier Zähne ausschlägt?" (***Test „Können wir Dich dissen"***) Er antwortet ohne ersichtliche Regung: „Nee, da kenne ich mich nicht aus." (***„charmante" Ablehnung des Tests***)

Noch in der ersten Stunde wurden Ethik-Themen für das laufende Schuljahr gesucht und gefunden. Auch die Themen „Gewalt", „Mobbing" und „Liebe" wurden ausgewählt – was die beiden Türken sehr erfreute (***komplementäre Beziehungsgestaltung***).

Der Pädagoge fragt die kommenden Wochen immer mal wieder nach, was sich „so am Wochenende" im Rückblick bei den beiden getan hat (***komplementäre Beziehungsgestaltung***). Serda meint irgendwann, sie hätten im TV eine Freefight-Kampfsportveranstaltung geschaut, bei der „harte Jungs gegeneinander angetreten sind" (***Modus Glückliches Kind***).

Der Lehrer erkundigt sich nach den Regeln, Gepflogenheiten und nach den „besten Kämpfern" in dieser Sportart (*komplementäre Beziehungsgestaltung*). Die beiden erzählen begeistert (*Modus Glückliches Kind*). In dieser Stunde arbeiten die beiden zur Abwechslung mündlich mit und unterlassen ihre „Spielchen" (*Folge der komplementären Beziehungsgestaltung zu Beginn der Stunde*).

Eines Tages bemerkt Herr X, dass Serda ein blaues Auge hat. „Na? Am Wochenende mal an den Falschen geraten?", sagt er humorvoll (*Konfrontation mit den Kosten der Schemamodus-Aktivierung*). Serda antwortet (sichtlich nicht darüber erfreut): „Oh, Herr X, lassen Sie mich bloß in Ruhe!" (*Aktivierung des Modus Impulsiv-undiszipliniertes Kind*) Daraufhin Herr X: „Siehst Du, so habe ich mich am Anfang des Schuljahres gefühlt, als Du und Volkan aufgedreht habt." (*Versuch, den Modus des Gesunden Erwachsenen beim Schüler zu aktivieren*) Serda meint daraufhin, dass ihm dass egal sei, und außerdem würde er am nächsten Tag „krasse Rache" an demjenigen ausüben, der ihm das angetan hätte (*Modus Aggressiver Beschützer*).

Herr X bittet daraufhin Serda vor die Tür, die Klasse kümmert sich derweil um einen Gruppenarbeitsauftrag.

Unter vier Augen erklärt Herr X, dass er Serda für einen „netten Kerl" halte, mit dem Unterricht oft Spaß machen würde (*komplementäre Beziehungsgestaltung*) – und dass manchmal so ein „Aggro-Serda" hochkomme (*Einführung in die Schemamodus-Arbeit*). „Und dann ist es nicht mehr so lustig, da hast Du dann so Deine fünf Minuten." (*Konfrontation mit den Kosten der Schemamodus-Aktivierung*)

Die beiden reden über den „inneren Aggro-Serda", über seine Rolle, die er am Schuljahresbeginn im Unterricht, aber auch am Wochenende spielt, wenn Serda mit seinem Freund in der Stadt unterwegs ist (*Praxis der Schemamodus-Arbeit*).

Sie verfassen ein Schemamodus-Memo, das speziell auf den nächsten Tag „gemünzt" ist (siehe unten).

Dies stellt sich im Nachhinein als nicht effiziente Hilfe heraus. Serda prügelt sich wieder mit dem besagten Jungen (*Rückfall – die Auslösung des Zerstörer-/Killer-Modus konnte nicht vom Modus des Gesunden Erwachsenen verhindert werden*)

Schemapädagogische Analyse

Viele Lehrer halten Serda und Volkan für „schwierige" Schüler. Die Heranwachsenden zeigen wenig Interesse am Unterricht und offenbaren eine geringe Frustrationstoleranz. Die Schemamodi-Aktivierungen, die beide offenbaren, sabotieren den Alltagsunterricht.

Auch Lehrer X wird ausgiebig „getestet". Er hält sich aber mit seiner negativen Kritik, die insgeheim von Serda und Volkan provoziert wurde, zurück. Er tut demgegenüber genau das, womit beide nicht rechnen: Er interessiert sich für „ihre Themen". Dies zahlt sich aus: Da er auf die dahinterliegenden Bedürfnisse nach Solidarität und Anerkennung/Akzeptierung eingeht, unterlassen sie in seinem Unterricht die üblichen Manipulationen (Psychospiele).

Nach der anfänglichen komplementären Beziehungsgestaltung erlaubt sich der Lehrer eine konfrontative Intervention, als er sieht, dass Serda ein „blaues Auge" hat (leisten kann er sich das nun).

Unter vier Augen wird die Schemamodus-Arbeit praktiziert. Serda kann den „inneren Aggro-Serda" kognitiv erfassen und seine Bedeutung in der einen oder anderen Alltagssituationen begreifen. Nun wird das „aktuelle Problem" (Streit mit einem Gleichaltrigen) in ein Schemamodus-Memo eingearbeitet.

Das Memo reicht leider nicht aus, um die Aktivierung des „inneren Aggro-Serda" einen Tag später zu verhindern.

In diesem Fall wäre eine Einführung in das Schemamodus-Modell zu Beginn des Schuljahres sinnvoller gewesen. Dann wäre eventuell der Modus des Gesunden Erwachsenen bis zum Tag X ausreichend gefördert worden.

Die Erinnerungskarte von Serda

1. Benennen einer Situation, in der ich mich mit anderen boxe
„Wenn ich den Typ morgen sehe!"

2. Erkennen der aktivierten Teil-Persönlichkeit
„Wenn ich ihn sehe, kommt der Aggro-Serda in mir hoch, dann sehe ich nur noch rot und will Rache."

3. Anerkennen des unangepassten Denkens und Realitätsprüfung
„Wenn ich den Kampf gewinne, kommt der Typ vielleicht mit Freunden wieder und verprügelt mich. Dann komme ich wieder mit mehr Freunden zurück. Aus eins gegen eins wird schnell hundert gegen hundert. Das bringt nix!"

4. Trennen vom alten und Festigung des neuen Verhaltens
„Wenn ich den Typ morgen sehe, drehe ich mich einfach um und gehe weiter."

Fazit

In diesem Buch wurde der Schemapädagogik-Ansatz sowie der Transfer in das Praxisfeld Schule vollzogen. Die integrative Ausrichtung dieses Programms soll Lehrerinnen und Lehrern dabei helfen, sich selbst und „schwierige" Schüler besser zu verstehen.

Darüber hinaus sollen mithilfe von schemapädagogischer Theorie und Praxis verschiedene „typische" Beziehungsstörungen tiefgründiger erfasst und professionell bearbeitet werden können, die von Natur aus in Hinsicht auf ihren Ursprung und Ablauf im Verborgenen, im Unbewussten verortet sind.

Entsprechende pädagogisch-psychologische Kompetenzen sind heutzutage mehr denn je vonnöten, da die Anzahl an Schülerinnen und Schülern mit psychischen Störungen ansteigt (BAUER 2007).

Leider gibt es nur wenige Veröffentlichungen, die die Psychodynamik im Klassenzimmer in Augenschein nehmen. Hinzu kommt, dass wir Lehrer uns dahingehend selbst fortbilden müssen, und an entsprechenden Angeboten, die an aktuellen humanwissenschaftlichen Erkenntnissen orientiert sind, mangelt es im Allgemeinen.

Im Lehramtsstudium und an Studienseminaren ist die schwergewichtige Thematik „Lehrer-Schüler-Interaktion" nach wie vor stark unterrepräsentiert.

Dies hat Gründe, die in der Tradition der Institution Schule liegen (früher stellten sich Disziplin- und Beziehungsfragen gar nicht). Die aktuellen Tendenzen – unter anderem Wertevielfalt, steigender Anteil an Schülern mit erhöhtem Förderbedarf – zwingen uns Lehrkräfte regelrecht zur Weiterbildung.

Doch reichen die bestehenden Angebote aus? Wenn man bedenkt, dass ein Großteil der Lehrerschaft nicht das Pensionierungsalter erreicht, entwickelt sich schnell die Neigung, die Frage zu verneinen.

Entsprechend muss „von oben" mehr für die Qualität der Lehrerweiterbildung getan werden. Neue Konzepte, die auf neurobiologischen und schemaorientierten Erkenntnissen beruhen, müssen endlich integriert werden, in ihnen liegt zweifelsohne viel Potenzial. Wobei bedacht werden muss: Die Entwicklung steht erst am Anfang, und Schemapädagogik ist nur *ein* neuer Impuls in diese Richtung.

Eines steht fest: „Schwierige Schüler" bringen innerpsychische Muster mit in die Schule, die sich über Jahre hinweg im biografischen Kontext entwickelt haben. Diese negativen Schemata und Schemamodi werden in der Klasse immer wieder in bestimmten Situationen ausgelöst. Mit den herkömmlichen Methoden ist der Pädagoge nicht imstande, nachteilige Muster von „schwierigen" Schülern zu *verändern*.

Hinzu kommt: Der Betreffende merkt nicht, dass das „Problem" bei ihm liegt, er macht „die Anderen" dafür verantwortlich. Lehrer, die die Psychodynamik dieses Geschehens nicht durchschauen – und das sind meiner Erfahrung nach wohl die meisten –, werden immer wieder in dieselben Interaktionsspiele verwickelt. Es kommt dadurch zu vielen aufreibenden Situationen im Schulalltag, die die Psyche stark in Mitleidenschaft ziehen können.

Wenn es uns nicht gelingt, so manchem „schwierigen" Jugendlichen neue Einblicke in seine Persönlichkeit zu ermöglichen, so wird er außerhalb der Schule und besonders *nach* seiner Schulpflicht immer wieder seinen antrainierten innerpsychischen Mustern ausgeliefert sein. Und wir kennen entsprechende „Karrieren".

Auf der Lehrerseite sieht es Schema-spezifisch im Durchschnitt zwar nicht ganz so bedenklich aus, aber man kann davon ausgehen, dass viele Lehrkräfte „Ansätze" von maladaptiven Schemata und Schemamodi dann und wann im Unterricht offenbaren. In der Regel ist den Betreffenden ebenfalls die Psychodynamik des Geschehens nicht bewusst. So trägt so mancher Pädagoge auch seine eigenen „Lebensfallen" in die Schule und beeinflusst die Beziehung zu seinen Schülern.

Schemapädagogik kann dabei helfen, die erwähnten Anforderungen, die an den „Lehrer von heute" gestellt werden, zu erfüllen.

Der Ansatz versteht sich als „offenes Konzept", das heißt, er wird ständig erweitert, modifiziert, reflektiert. Sicherlich gewinnbringend dürfte die bald stattfindende Konzeption von Unterrichtsmaterialien sein, die etwa in den Fächern Ethik und Methodentraining, aber auch in der Sozialassistenz- und Erzieher-Ausbildung zum Einsatz kommen können (siehe weiterführende Literatur).

Schemapädagogik ist verortet an der Schnittstelle zwischen Pädagogik und Psychotherapie. Schemapädagogen erwerben und praktizieren schließlich pädagogisch-psychologische Kompetenzen.

Ich finde, solche Kompetenzen sind vor allem im Lehrerberuf, der bekanntlich vor allem ein „Beziehungsberuf" ist, unumgänglich.

Weiterführende Literatur

Bauer, J. (2007). Lob der Schule. Sieben Perspektiven für Schüler, Lehrer und Eltern. Hoffmann und Campe.
Das Buch beinhaltet zahlreiche interessante neurobiologische Befunde zum Thema zwischenmenschliche Kommunikation. Die Erkenntnisse werden in den Schulalltag transferiert.

Damm, M. (2009). Nervensägen – und wie man mit ihnen klarkommt. Freiburg i.B.: Herder.
In diesem Buch werden verschiedene Persönlichkeitstypen beschrieben, die spezifische Selbst- und Beziehungsschemata offenbaren (unter anderem Narzissten, Paranoiker, Schizoide, Zwanghafte). Es finden sich Anregungen zum Umgang mit „schwierigen" Partnern, Eltern, Kunden und Chefs.

Damm, M. (2010). Sei du selbst. Es ist dein Leben. Freiburg i.B.: Herder.
Ein praktischer Ratgeber zum Umgang mit eigenen nachteiligen Selbst- und Beziehungsschemata – auf der Basis von psychodynamischen Konzepten.

Damm, M. (2010). Schemapädagogik. Möglichkeiten und Methoden der Schemapädagogik im Praxisfeld Erziehung. Wiesbaden: VS-Verlag.
Das Buch schlägt eine Brücke zwischen Schematherapie und Sozialpädagogik. Neue Innovationen werden für folgende Arbeitsfelder dargestellt: Krippe, Kindergarten, Hort, Heimerziehung, Offene Kinder- und Jugendarbeit, Schule, Kinder- und Jugendpsychiatrie.

Damm, M. & Werner, S. (2011). Schemata bei Gewalttätern und deren Konfrontation. Reihe Schemapädagogik kompakt. Band 3. Stuttgart: Ibidem-Verlag.
Dieses Buch beinhaltet Hilfestellungen und praktische Tipps für alle, die mit jugendlichen Straftätern arbeiten – auf der Grundlage der Schemapädagogik.

Damm, M. & Ebert, M.G. (2011). Professionelle Beziehungsgestaltung im Unterricht. Reihe Schemapädagogik kompakt. Band 4. Stuttgart: Ibidem-Verlag.
Hier findet der Leser Ursachen und Lösungsvorschläge für „typische" Konflikte im Schulalltag. Fokussiert werden vor allem Prozesse, die auf der (eher unbewussten) Beziehungsebene ablaufen. Das Buch richtet sich an Lehrerinnen und Lehrer der Sekundarstufe 1 und 2.

Damm, M. (in Planung). Lehrerpersönlichkeit. Reihe Schemapädagogik kompakt. Band 5. Stuttgart: Ibidem-Verlag.

Dieses Buch widmet sich den Auswirkungen von bestimmten Schemata, die manchmal auf Lehrerseite vorherrschen. Anhand von verschiedenen Fragebögen, die im Rahmen der Schemapädagogik eingesetzt werden, lernen Pädagogen eigene innerpsychische Muster, die zu stets denselben Konflikten mit den Schülern führen, genau kennen. Ziel ist die bewusste Kontrolle von „nachteiligen" Schemata und Schemamodi im Unterrichtsalltag.

Damm, M. (in Planung). Schemapädagogik. Unterrichtsmaterialien für die Sozialassistenz- und ErzieherInnen-Ausbildung. Reihe Schemapädagogik kompakt. Band 6. Stuttgart: Ibidem-Verlag.

Dieser Band beinhaltet Arbeits- und Textblätter, die in der Ausbildung von Sozialassistent- und ErzieherInnen eingesetzt werden können.

Damm, M. (in Planung). Handlungsfehler im Praxisfeld Erziehung und deren Prävention. Reihe Schemapädagogik kompakt. Band 7. Stuttgart: Ibidem-Verlag.

Psychodynamische Hintergründe von „Erziehungsfehlern" werden in diesem Band eruiert. Grundlage ist das Schemamodell.

Roediger, E. (2009). Praxis der Schematherapie. Stuttgart: Schattauer.

In diesem Fachbuch werden die Grundlagen und einige Erweiterungen der Schematherapie erläutert.

Roediger, E. (2009). Was ist Schematherapie? Eine Einführung in Grundlagen, Modell und Anwendung. Paderborn: Junfermann.

Dieses Buch ist ein guter Einstieg in die Theorie und Praxis der Schematherapie.

Roediger, E. & Jacob, G. (Hrsg.) (2010). Fortschritte der Schematherapie. Göttingen: Hogrefe.

Ausdifferenzierungen der Schematherapie finden interessierte Leser hier.

Sachse, R., Püschel, O., Fasbender, J., Breil, J. (2008). Klärungsorientierte Schemabearbeitung. Dysfunktionale Schemata effektiv verändern. Göttingen u.a.: Hogrefe.

In diesem praxisorientierten Buch geht es vor allem um das Schema-Verständnis in der Klärungsorientierten Psychotherapie. Außerdem wird die Schema-Bearbeitung ausführlich dargestellt.

Sachse, R., Fasbender, J., Breil, J., Püschel, O. (2009). Grundlagen und Konzepte Klärungsorientierter Psychotherapie. Göttingen u.a.: Hogrefe.

Hier werden die theoretischen Grundlagen und praktischen Arbeitsweisen der Klärungsorientierten Psychotherapie erläutert.

Sachse, R. (2006). Persönlichkeitsstörungen verstehen. Zum Umgang mit schwierigen Klienten. Bonn: Psychiatrie-Verlag.
Dieser leicht verständliche Ratgeber richtet sich an Angehörige der psychotherapeutischen und sozialpädagogischen Berufe.

Young, J.E., Klosko, J. & Weishaar, M.J. (2005). Schematherapie. Ein praxisorientiertes Handbuch. Paderborn: Junfermann.
Dieses Fachbuch ist das Grundlagenwerk der Schematherapie.

Young, J.E. & Klosko, J. (2006). Sein Leben neu erfinden. Wie Sie Lebensfallen meistern. Paderborn: Junfermann.
Ursprünglich für Klienten der Schematherapie verfasst, eignet sich dieses Buch auch für Laien, die sich für Schematherapie interessieren.

Kontakte

Weitere Informationen zur Schemapädagogik (auch als Download) finden Interessenten auf der Homepage des Autors (www.schemapädagogik.de).

Fortbildungen in Schemapädagogik

Am Institut für Schemapädagogik (Worms) werden verschiedene Fortbildungen zur Schemapädagogik angeboten. Auf der oben genannten Homepage werden sie ausführlich beschrieben.

Kontakt:

Institut für Schemapädagogik
Dr. Marcus Damm
Höhenstr. 56
67550 Worms

Im Rahmen der (Berufsschul-)Lehrerfortbildung in Rheinland-Pfalz werden die theoretischen Grundlagen und praktischen Anwendungen der Schemapädagogik in der Weiterbildung „Berufsförderpädagogik" vermittelt, am Pädagogischen Landesinstitut Rheinland-Pfalz.

Ansprechpartner:

Marc-Guido Ebert
Referent für Berufsförderpädagogik
Otto-Mayer-Str. 14
67346 Speyer

Literatur

Arntz, A. & Van Genderen, H. (2010). Schematherapie bei Borderline-Persönlichkeitsstörung. Weinheim und Basel: Beltz.

Berne, E. (1964/2005). Spiele der Erwachsenen. Psychologie der menschlichen Beziehungen (5. Aufl.). Reinbek: Rowohlt.

Damm, M. (2009). Nervensägen – und wie man mit ihnen klarkommt. Freiburg i.B.: Herder.

Damm, M. (2010a). Praxis der Schemapädagogik. Schemaorientierte Psychotherapien und ihre Potenzial für die psychosoziale Arbeit. Stuttgart: Ibidem-Verlag.

Damm, M. (2010b). Schemapädagogik im Klassenzimmer. Ein neues Konzept zur Förderung verhaltensauffälliger Schüler. Stuttgart: Ibidem-Verlag.

Damm, M. (2010c). Schemapädagogik. Möglichkeiten und Methoden der Schematherapie im Praxisfeld Erziehung. Wiesbaden: VS-Verlag.

Dehner, R. & Dehner, U. (2007). Schluss mit diesen Spielchen. Manipulationen im Alltag erkennen und dagegen vorgehen. Campus: Frankfurt a.M.

Große Siestrup, C. (2010). Unterrichtsstörungen aus der Sicht von Lehrenden und Lernenden. Ursachenzuschreibungen, emotionales Erleben und Konzepte zur Vermeidung. Frankfurt a.M.: Peter Lang.

Hammelstein, P. (2009). Kognitive Therapie, Schematherapie und Klärungsorientierte Psychotherapie. Vergleich einzelner Aspekte. In: Sachse, R. et al. Grundlagen und Konzepte Klärungsorientierter Psychotherapie, 184–200. Göttingen u.a.: Hogrefe.

Hasselhorn, M. & Gold, A. (2009). Pädagogische Psychologie. Erfolgreiches Lernen und Lehren (2. Aufl.). Stuttgart: Kohlhammer.

Heisig, K. (2010). Das Ende der Geduld. Konsequent gegen jugendliche Straftäter. Freiburg i.B.: Herder.

Hirblinger, H. (2001). Einführung in die psychoanalytische Pädagogik der Schule. Würzburg: Königshausen & Neumann.

Hormel, U. & Scherr, A. (2010) (Hrsg.). Diskriminierung. Grundlagen und Forschungsergebnisse. Wiesbaden: VS-Verlag.

Imhof, M. (2010). Psychologie für Lehramtsstudierende. Wiesbaden: VS-Verlag.

Joines, S.J. & Stewart, I. (2008). Persönlichkeitsstile. Wie frühe Anpassungen uns prägen (Band 1). Paderborn: Junfermann.

Kasper, H. (2003). Schülermobbing – tun wir was dagegen. München: AOL.

Keller, G. (2010). Disziplinmanagement in der Schulklasse. Unterrichtsstörungen vorbeugen – Unterrichtsstörungen bewältigen (2. Aufl.). Bern: Hans Huber.

Kilb, R., Weidner, J., Gall, R. (2009). Konfrontative Pädagogik in der Schule. Anti-Aggressivitäts- und Coolnesstraining (2. Aufl.). Weinheim und München: Juventa.

LeDoux, J.E. (2001). Das Netz der Gefühle – Wie Emotionen entstehen. Wien: Carl Hanser.

Nowacki, K. (2009). Klärungsorientierte Psychotherapie aus bindungstheoretischer Sicht. In: Sachse, R. et al. Grundlagen und Konzepte Klärungsorientierter Psychotherapie, 165–183. Göttingen u.a.: Hogrefe.

Püschel, O. & Sachse, R. (2009). Eine motivationstheoretische Fundierung Klärungsorientierter Psychotherapie. In: Sachse, R. et al. Grundlagen und Konzepte Klärungsorientierter Psychotherapie, 89–110. Göttingen u.a.: Hogrefe.

Rademacher, H. (2007). Leitfaden konstruktive Konfliktbearbeitung und Mediation. Für eine veränderte Schulkultur. Schwalbach/Ts: Wochenschau-Verlag.

Rautenberg, W. & Rogoll, R. (2008). Werde der, der du werden kannst. Persönlichkeitsentwicklung durch Transaktionsanalyse (16. Aufl.). Freiburg i.B.: Herder.

Roediger, E. (2009a). Praxis der Schematherapie. Stuttgart: Schattauer.

Roediger, E. (2009b). Was ist Schematherapie? Eine Einführung in Grundlagen, Modell und Anwendung. Paderborn: Junfermann.

Roediger, E. & Jacob, G. (Hrsg.) (2010). Fortschritte der Schematherapie. Göttingen: Hogrefe.

Rogers, C. (1972/1999). Die nicht-direktive Beratung (9. Aufl.). Frankfurt a.M.: Fischer.

Roth, G. (2003). Fühlen, Denken, Handeln. Wie das Gehirn unser Verhalten steuert. Frankfurt a.M.: Suhrkamp.

Roth, G. (2007). Persönlichkeit, Entscheidung und Verhalten. Warum es so schwierig ist, sich und andere zu verstehen. Stuttgart: Klett-Cotta.

Roth, G. (2009). Aus Sicht des Gehirns (2. Aufl.). Frankfurt a.M.: Suhrkamp.

Sachse, R. (2001). Psychologische Psychotherapie der Persönlichkeitsstörungen. Göttingen u.a.: Hogrefe.

Sachse, R. (2003). Klärungsorientierte Psychotherapie. Göttingen u.a.: Hogrefe.

Sachse, R. (2004). Persönlichkeitsstörungen. Leitfaden für die Psychologische Psychotherapie. Göttingen u.a.: Hogrefe.

Sachse, R. (2006a). Therapeutische Beziehungsgestaltung. Göttingen u.a.: Hogrefe.

Sachse, R. (2006b). Persönlichkeitsstörungen verstehen. Zum Umgang mit schwierigen Klienten. Bonn: Psychiatrie-Verlag.

Sachse, R. (2006c). Therapeutische Beziehungsgestaltung. Göttingen u.a.: Hogrefe.

Sachse, R., Püschel, O., Fasbender, J., Breil, J. (2008). Klärungsorientierte Schemabearbeitung. Dysfunktionale Schemata effektiv verändern. Göttingen u.a.: Hogrefe.

Sachse, R., Fasbender, J., Breil, J., Püschel, O. (2009). Grundlagen und Konzepte Klärungsorientierter Psychotherapie. Göttingen u.a.: Hogrefe.

Schäfer, C.D. (2006). Wege zur Lösung von Unterrichtsstörungen. Jugendliche verstehen – Schule verändern. Balmannsweiler: Schneider Verlag Hohengehren.

Schmitt-Killian, J. (2010). „Ich mach euch fertig!" Praxisbuch Gewaltprävention. Gütersloh: Gütersloher Verlagshaus.

Schnotz, W. (2009). Pädagogische Psychologie kompakt. Weinheim: Beltz.

Schulz von Thun, F. (2002). Miteinander reden 3. Das „innere Team" und situationsgerechte Kommunikation. Reinbek: Rowohlt.

Siegel, D.J. (2006). Wie wir werden, die wir sind. Paderborn: Junfermann.

Spitzer, M. (2009). Hirnforschung für Neu(ro)gierige. Braintertainment 2.0. Stuttgart: Schattauer.

Taglieber, W. (2005). Berliner Mobbing-Fibel. Was tun wenn. Berlin: Berliner Landesinstitut.

Wagner, R.F., Hinz, A., Rausch, A. & Becker, B. (2009). Modul Pädagogische Psychologie. Bad Heilbrunn: Klinkhardt.

Weidner, J. & Kilb, R. (2008). Konfrontative Pädagogik (3. Aufl.). Wiesbaden: VS-Verlag.

Werth, L. & Mayer, J. (2007). Sozialpsychologie. Heidelberg: Spektrum Akademischer Verlag.

Wilson, T.D. (2007). Gestatten, mein Name ist Ich. Das adaptive Unbewusste – eine psychologische Entdeckungsreise. München & Zürich: Pendo.

Winkel, R. (2009). Der gestörte Unterricht. Diagnostische und therapeutische Möglichkeiten (9. Aufl.). Balmannsweiler: Schneider Verlag Hohengehren.

Young, J.E. & Brown, G. (1990). Young Schema Questionaire. New York: Schema Therapy Institut.

Young, J.E. (1999). Cognitive therapy for personality disorders. A schema-focused approach. (rev. Ausg.). Sarasota, FL: Professional Resources Press.

Young, J.E., Klosko, J.S. & Weishaar, M.J. (2008). Schematherapie. Ein praxisorientiertes Handbuch (2. Aufl.). Paderborn: Junfermann.

Young, J.E. & Klosko, J. (2006). Sein Leben neu erfinden. Wie Sie Lebensfallen meistern. Paderborn: Junfermann.

Marcus Damm

Schemapädagogik im Klassenzimmer

Ein neues Konzept zur Förderung
verhaltensauffälliger Schüler

ISBN 978-3-8382-0140-5
248 S., Paperback, € 24,90

Erhältlich in jeder Buchhandlung
oder direkt bei

ibidem

„Schwierige" Schüler gab es schon immer. Doch Statistiken belegen einen steten Anstieg von verhaltensauffälligen Kindern und Jugendlichen in den letzten Jahren. Lehrer sind heutzutage mehr denn je gefordert. Pädagogisch-psychologische Kompetenzen können entsprechend Abhilfe schaffen.

Die Schemapädagogik ist ein innovativer neuer Ansatz, der dabei helfen soll, Unterrichts- und Beziehungsstörungen zwischen Schülern und Schülern und Schülern und Lehrern tiefgründiger zu verstehen und zu verbessern.

Schemapädagogik basiert auf den sogenannten schemaorientierten Psychotherapien: Kognitive Therapie, Schematherapie und Klärungsorientierte Psychotherapie. Die Schemapädagogik geht davon aus, dass zwischenmenschliche Probleme durch nachteilige innerpsychische Muster (Schemata) verursacht werden, die einen biografischen Hintergrund haben. Schemapädagogen wollen mithilfe einer speziellen (komplementären) Beziehungsgestaltung sowie der Thematisierung von nachteiligen Persönlichkeitsfacetten (Schemamodi) und der Unterstützung beim Transfer der Lösungen in den Alltag solche dysfunktionalen Muster dauerhaft verändern. Ziel ist die Minimierung der Störungen im Unterricht.

Marcus Damm stellt die Grundlagen der Schemapädagogik dar und beschreibt ihr Potenzial für den Schulalltag. Unter anderem wendet er sich den folgenden Phänomenen ausführlich zu: Mobbing, Arbeitsverweigerung, Gewaltbereitschaft, Psychospiele, politischer Extremismus, selbstverletzendes Verhalten und Provokationen.

Das Buch richtet sich an alle Lehrer der Sekundarstufe I und II sowie an Fachkräfte der weiterführenden Schulen.

„Dieses sehr gut fundierte und innovative Buch ist sehr anwendungsorientiert und kann Pädagogen in sehr effektiver Weise im Umgang mit ‚schwierigen' Schülern sehr gute Dienste leisten."
Prof. Dr. Rainer Sachse

Marcus Damm

Praxis der Schemapädagogik

Schemaorientierte Psychotherapien und ihre
Potenziale für die psychosoziale Arbeit

ISBN 978-3-8382-0040-8
240 S., Paperback, € 24,90

Erhältlich in jeder Buchhandlung
oder direkt bei

ibidem

Schemapädagogik ist eine neue Pädagogik. Sie beinhaltet innovative Möglichkeiten und Methoden für psychosoziale und sozialpädagogische Arbeitsfelder.

Die Schemapädagogik geht davon aus, dass psychosoziale Probleme von Klienten in ihrem Umgang mit sich selbst und anderen hauptsächlich durch nachteilige innerpsychische Muster – Schemata – verursacht werden. Schemapädagogen realisieren eine spezielle – komplementäre – Beziehungsgestaltung, thematisieren gemeinsam mit dem Klienten nachteilige Persönlichkeitsfacetten – Schemamodi – und unterstützen ihn beim Transfer der erarbeiteten Lösungen in den Alltag, um so dysfunktionale Muster dauerhaft zu verändern.

Marcus Damm stellt die Grundlagen der Schemapädagogik dar – Kognitive Therapie, Klärungsorientierte Psychotherapie und Schematherapie – und beschreibt ihr Potenzial für psychosoziale Arbeitsfelder wie die folgenden: Schulsozialarbeit, Paarberatung, Sozialpädagogische Familienhilfe, Erziehungsberatung, Strafvollzug/Bewährungshilfe, Streetwork.

Damms Buch ist bei aller gebotenen Fachlichkeit allgemeinverständlich geschrieben und richtet sich an alle Angehörige der helfenden Berufe, an Klienten in der Schemapädagogik sowie an interessierte Laien.

„Schemapädagogik ist ein gut fundierter, durchdachter und praktisch hoch relevanter Ansatz, der den Arbeitsbereich massiv befruchten kann."

Prof. Dr. Rainer Sachse, Bochum

„Das Buch dürfte einen wichtigen und innovativen Beitrag zu dem Diskurs leisten, wie die Pädagogik weiterentwickelt werden kann."

Dr. Eckhard Roediger, Frankfurt am Main

Der Autor:
Dr. Marcus Damm, Jahrgang 1974, ist in der Lehrer-Fortbildung tätig und unterrichtet die Fächer Pädagogik, Psychologie und Ethik an der Berufsbildenden Schule Hauswirtschaft/Sozialpädagogik in Ludwigshafen.

Abonnement

Hiermit abonniere ich die Reihe **Schemapädagogik kompakt (ISSN 2191-186X)**, herausgegeben von Dr. Marcus Damm,

- ❏ ab Band # 1
- ❏ ab Band # ___
  - ❏ Außerdem bestelle ich folgende der bereits erschienenen Bände:
    #___, ___, ___, ___, ___, ___, ___, ___, ___, ___, ___

- ❏ ab der nächsten Neuerscheinung
  - ❏ Außerdem bestelle ich folgende der bereits erschienenen Bände:
    #___, ___, ___, ___, ___, ___, ___, ___, ___, ___, ___

- ❏ 1 Ausgabe pro Band   ODER   ❏ ___ Ausgaben pro Band

Bitte senden Sie meine Bücher zur versandkostenfreien Lieferung innerhalb Deutschlands an folgende Anschrift:

Vorname, Name: _____

Straße, Hausnr.: _____

PLZ, Ort: _____

Tel. (für Rückfragen): _____ *Datum, Unterschrift:* _____

Zahlungsart

- ❏ *ich möchte per Rechnung zahlen*
- ❏ *ich möchte per Lastschrift zahlen*

bei Zahlung per Lastschrift bitte ausfüllen:

Kontoinhaber: _____

Kreditinstitut: _____

Kontonummer: _____ Bankleitzahl: _____

Hiermit ermächtige ich jederzeit widerruflich den ***ibidem***-Verlag, die fälligen Zahlungen für mein Abonnement der Reihe **Schemapädagogik kompakt** von meinem oben genannten Konto per Lastschrift abzubuchen.

Datum, Unterschrift: _____

Abonnementformular entweder **per Fax** senden an: **0511 / 262 2201** oder **0711 / 800 1889**
oder als **Brief** an: ***ibidem***-Verlag, Leuschnerstr. 40, 30457 Hannover oder
als e-mail an: ibidem@ibidem-verlag.de

ibidem-Verlag

Melchiorstr. 15

D-70439 Stuttgart

info@ibidem-verlag.de

www.ibidem-verlag.de
www.ibidem.eu
www.edition-noema.de
www.autorenbetreuung.de